―――光文社知恵の森文庫―――

柏井 壽

おひとり京都の夏涼み

光文社

本書は『京都 夏の極めつき』(二〇一〇年、光文社新書)を改題し、大幅に加筆修正して文庫化したものです。データはすべて二〇一五年五月現在のものです。

はじめに

旅の愉しみ。それは大まかに分けて六つある。「歩く」。「観る」。「感じる」。「味わう」。「手に入れる」。「泊まる」。
そしてそれらは、四季それぞれに別物である。もっとも分かりやすいのは「味わう」ことだろうか。春の旨いものと冬のそれがまったく異なるように、旅の愉しみは四季それぞれに異なる。ましてやそれが京都旅となると、なお一層のこと。
京都に生まれ育って、もう暦がひと回りした。つまりは六十回以上、春夏秋冬を繰り返してきたわけで、身体に「京都の季」が染み込んでいる。
京を離れ、旅先にいると感じし取れないが、京都に戻ると、すぐに〈季〉を感じる。眼が、肌が、心が、自然と〈季〉を感じ取ってしまう。

春夏秋冬。季節はたった四つにしか区切られないが、その移ろいは鋭角ではなく、緩(ゆる)

やかなカーブを描く。たとえば、食に旬があるように、京都の〈季〉にも〈旬〉がある。〈旬〉だけでなく、〈走り〉があり、〈名残り〉もある。

先に掲げた六つの愉しみは四つの季節、さらにはその中の三つ――〈走り〉〈旬〉〈名残り〉の移ろいごとに存在する。6×4×3。つまり京都旅には少なくとも七十二通りの愉しみ方があるのだ。

日本の本来の暦、太陰暦。そこには二十四節気があり、さらには七十二候がある。数字は偶然にも同じ七十二だが、その区分とはいくらか意味合いを異にするのが本シリーズの特徴だ。

たとえば夏。本来の暦で区切れば五月から始まり七月に終わる。二十四節気でいう、立夏から大暑まで、六つの節気が夏となるのだが、今の太陽暦の「夏」とは、どうしてもズレを感じてしまう。本書を編むにあたってもっとも悩ましい問題はここだった。叶うなら旧暦に合わせて歳時を紹介したいと願っていた。だが、実際に旅をする人々には、実感として捉えにくいだろうとも思う。

たとえば「五山の送り火」。八月十六日の夜空を焦がすそれは、正確に季節に照らせ

はじめに

ば秋になってしまう。だからといって、秋の京都旅に「五山の送り火」を紹介するのもいかがなものか、そうも考える。やはり夏の行事として紹介するのが分かりいいだろうと結論付けた。

碁盤の目に整備された京都の街に倣い、縦軸に六つの愉しみを並べ、横軸に季節の時間軸を並べるイメージ。その交差するところを辿れば、それぞれの季節に旅する愉しみが、くっきりと浮かび上がるという寸法だ。

今回は夏。大まかに水無月、文月、葉月の三ヶ月とした。それぞれに〈走り〉〈旬〉〈名残り〉がある。六月の半ばから八月の半ばまで。京都がもっとも夏らしい表情を見せる時候を並べた。

以下の本文でご紹介するのは、

一．夏にこそ歩きたい道。
二．夏の行事。夏の風物詩。
三．夏に食べておきたい味。
四．夏の京都から足を伸ばしたい場所。

五 夏に泊まりたい宿。

である。
京都の夏といって思い浮かぶのは、「祇園祭」「五山の送り火」「川床店」辺りだろうか。無論それらも見どころではあるのだが、他にもまだまだたくさん、夏ならではの京都がある。
「夏だ。そうだ、京都に行こう」

おひとり京都の夏涼み　目次

はじめに 3

第一章　夏の京歩き・ご利益巡り

夏歩きのご利益／京都を守るチカラ／『大丸』さんは陽で、『髙島屋』はんは陰や／〈鬼〉と平安京／さすが京都／屋根の上の神さま／水なかりせば京あらず／京都は「水」でできている／神仏と水／千二百年を支えた水の文化

一　「水の神さま」歩き――赤山禅院から貴船神社へ　40

「赤山禅院」／「貴船神社」／〈縁切り〉と〈縁結び〉／貴船の川床

二　龍馬ゆかりの地を横に――東山から「二条城」辺り　49

龍馬の墓所に詣でる／「とり新」の親子丼／木屋町通に残る足跡／「二条殿跡」／「御金神社」／「二条城」へ／「神泉苑」の回転する祠／「武信稲荷神社」の大榎

第二章　夏のひなみ　つきなみ

一：夏の走り——半ばからの水無月 68

夏の花／「祇園放生会」／「南禅寺」の「水路閣」／夏越の祓・茅の輪くぐり／蛍川

二：夏の盛り——文月 77

祇園さん／祇園祭の一ヶ月／舞妓さんの名入りうちわ／祇園祭の「粽」／暁天講座と朝粥、精進料理

三：夏の名残り——葉月 88

早暁の京都／下鴨「糺の森」の「納涼古本まつり」／「宮脇賣扇庵」の夏扇子／「五山の送り火」

第三章　夏の京都のうまいもの　97

一：京の夏の二大美味　鮎と鱧 103

京都最新食事情／京都ならではの美味を探す

季重なり／〈走り〉より〈名残り〉／塩焼き鮎の旨さ／京と鱧／旅館・料亭で味わう鮎／「音戸山山荘 畑善」／カウンターで鮎、鱧を愉しむ／「割烹はらだ」／「点邑」／「草蒐なかひがし」

二 床店の愉しみ 123

鴨川の納涼床／「ビストロ スミレ」の中華料理／「開陽亭」の洋食弁当／「侘家洛中亭」の串かつ／「アトランティス」のカクテル

三 夏の美味しい朝ご飯、精進料理 129

宿屋の朝ご飯／バイキングで味わう本格／「近為」の「ぶぶ漬け」／「イノダコーヒ」の「ロールパンセット」／「ラ・ブランジェ・アサノ」のカレーパン／「てん狗」の朝うどん／「新福菜館本店」の朝ラーメン／「総本家にしんそば 松葉」／「天龍寺 篩月」／「大徳寺一久」の精進料理

四 夏の辛味 146

「鳳飛」の「からし鶏」／「お食事処やまびこ」の「すじカレーうどん」

第四章 夏の足伸ばし

五・土用の丑 151
「祇をん桶やう」の「う桶」／「廣川」の鰻重

六・夏の涼麺 154
「サカイ」の冷麺／「ぎをん権兵衛」の「ささめざるうどん」

七・涼を呼ぶ夏菓子 156
「松屋藤兵衛」の「珠玉織姫」／「鍵善良房」の「くずきり」／「出町ふたば」の「水無月」／「クリケット」のグレープフルーツゼリー／「紫野源水」の「涼一滴」／「鳴海餅本店」の「水万寿」

八・夏飲み 163
祇園石段下「珈琲カトレヤ」の「アイスコーヒー」／「上七軒歌舞練場」のビアガーデン／「ANAクラウンプラザホテル京都」のビアガーデン

第五章 京の夏泊まり 197

一・涼を求めて近江八景 168
京都人にとって近江とは/地下鉄から浜大津散歩/京都旅なのにミニクルーズ/「ダイニングMOO」で近江牛ランチ/「湖舟」の「志じみめし」/「石山寺」と近江八景

二・夏ならではの「美」──琵琶湖に浮かぶ蓮 180
蓮と極楽浄土/琵琶湖のルーツを学ぶ/近江草津の旨いもの──琵琶湖の味/「近江ちゃんぽん」と「あおばな」

三・鮎を求めて夏の小旅 191
レンタカーで鯖街道へ/これぞ三つ星の鮎

一・近江泊まりの利便性 200
進化する宿は「女性」と「おひとり」に優しい
「ホテルボストンプラザ草津」/「琵琶湖ホテル」/「ホテルテトラ大津・京都」/リゾートホテル

二・涼やかな日本旅館
　花背の山里「美山荘」210

三・片泊まりの宿 213
　「三福」／「其中庵」「田舎亭」

四・京都最新宿事情 218
　カプセルホテル・アパートメントホテル

五・温泉付きのお奨めホテル 227
　「ドーミーインプレミアム京都駅前」

おわりに 231
地図 236
本書で紹介した主な寺社・店舗・宿リスト 264

第一章

夏の京歩き・ご利益巡り

夏歩きのご利益

夏の京都を歩く。考えるだに暑い。拭っても拭っても額から滴り落ちる汗。あまりの暑さにふらふらとめまいさえ催す。と、これくらい脅しておけばいいだろう。多少の誇張はあるものの、それくらいの覚悟をもって臨んでほしいのが、夏の京歩きだ。

春秋の快適な季節なら、目的も持たずにぶらぶら歩くのもいいのだが、夏にそれではとても歩き通せるものではない。夏に京都を歩くなら、目的、あるいはテーマを決める。これが鉄則と心得るべし。

何を目的にし、何をテーマにして歩くか。夏歩きの目的はずばり「ご利益」である。いささか即物的ではあるが、厳しい暑さの中を歩こうと思えば、これくらいのストレートな目的がいい。

京都には今風のことばでいう「パワースポット」が数多く存在している。千年の長きにわたって日本の都であり続けたのだから、そこには霊力とも呼ぶべき不思議な力が備わっている。中国の長安城、すなわち現在の西安を範として造られた平安京。そこには風水思想を取り入れたとも、陰陽道を理想としたとも、さまざまな言い伝えが残っている。科学的な根拠には乏しいものの、千二百年を超えた今も、京都の街にはそれらの

14

第一章　夏の京歩き・ご利益巡り

片鱗が息づいている。暑い夏に京都を訪れたなら、その片鱗を窺(うかが)いながら歩きたい。

観光立国を目指す日本には、どういう方法で、何を売り物にして観光客を呼び込むか、苦心惨憺(くしんさんたん)している街や村が数多く存在する。街起こし、村起こし。ゆるキャラで観光客を呼び込むか、広報係に当て、ご当地グルメを発掘し、ボランティアガイドを養成する。それでも中々集客はままならない、というのが日本各所にある観光地のつらい現状だ。

それに比べて京都はどうだろう。たしかに千年の都。見るべきものも多く、美味にも事欠かない。ゆるキャラなどに頼らずとも千客万来。多少の増減はあるものの、入洛(にゅうらく)客は年間七千万人を数える。

一方で、デパートが催す物産展がある。日本各地の物産を一堂に集め、展示即売するもの。この人気度から測ると、京都は必ずしもナンバーワンではないのが不思議。一に北海道、二に九州・沖縄、ときて、京都は三位に甘んじているそうだ。どころか、近年人気の東北地方にその三位の座さえ奪われそうだという。

これはつまり「モノ」ではなく、訪ねてこその京都だということ。北海道や九州は、わざわざ訪ねなくても、その「モノ」を手に入れることさえできればいい。だが京都は直(じか)に訪ねてみたいと思われているようなのだ。

では、人は京都の何に魅きつけられるのだろうと考えてみる。無論、神社仏閣、名跡、名勝、食事処、といくつも目指すところはあるのだろうが、実はそれ以上に、京都の〈気〉に魅きつけられているのではないだろうか、と思い当たった。

人の英知も、ましてや力など及ぶべくもない世界があると信じ、それを敬い、頭を垂れて祈りを捧げる。神社仏閣は無論のこと、大木や磐、水の流れなど、自然の造形にも神が宿ると信じてやまない。それが都の人々。

先に、京都には数多の地でご利益を授かるために、人は競って京都へやって来る。そんな京都という地でご利益を授かるために、人は競って京都へやって来る。

ご利益とは仏教用語である。法力によって恩恵を与えること、なのだ。他を益することをいうのであって、自らを益する場合は功徳という。したがって、法力を頼ることなくしてご利益は「授かる」、もしくは「与る」、「享ける」もの。まずはその根本を理解してから京都を訪ねてほしい。

京都を守るチカラ

なぜ京都を訪ねるとご利益を授かるか、それは千二百有余年遡らないことには分からない。平安京が造営された頃の京都。その過程を知れば自ずと明らかになる。京都で享けるご利益、それは、都がさまざまな神々によって護られていることに起因しているのだ。

そもそも桓武天皇は、今の「京都御所」から南西に十数キロ離れた長岡の地に都を築いたのだが、わずか十年で、京都の地へ都を移してしまう。それはどうやら、目に見えない〈魔〉から逃れ、目に見えない〈神仏〉にすがったからのようなのだ。

先に、ご利益とは法力によって授かると書いた。その法力が及ぶためには、享ける側が清らかな心持ちでなければならない。神社やお寺へお参りする際には、必ず手水舎で身を清めるのも、この理屈。

身近な例で喩えるなら化粧。綺麗に化粧するためには、まずは素顔を整えなければならない。衣服も同じ。美しく着飾るためにはまずは体形を整える必要がある。あるいは食。胃腸の調子を整えずして、美味に出くわしても美味を感じ取れない。つ

まりは受け入れ態勢が整っているかどうか、が極めて重要なのである。

これらの例と同じく、ご利益の前段階として、厄に憑かれていないことが条件となる。その意味で、平安京には遷都にあたり厄が憑かないように、さまざまな仕掛けが施されたのだ。その一例が〈四神相応〉という風水思想であることはよく知られた話だ。

〈四神相応〉とは、天空の四方の方位を司るこの四つの神に、それぞれふさわしい地相があるという考え方で、古くからアジアのあちこちで信じられている。国によってその対応付けは異なっているが、日本では〈山川道澤〉とするのが一般的だ。玄武は丘陵、青龍は清流、白虎は街道、朱雀は湖沼。

北＝玄武。東＝青龍。西＝白虎。南＝朱雀。

平安京はまさに、その四神にふさわしい地相だった。すなわち、玄武に相応する「船岡山」、青龍には「鴨川」、白虎は「山陰道」、朱雀には「巨椋池」があり、ぴったり符合した。これに気付いた桓武天皇は、はたと膝を打ち、「しめた」と思ったに違いない。奈良仏教の影響が及ぶことのない長岡に都を置いて、わずか十年で再び都を移したのは、きっとこの四神相応の地を見つけたからに相違ない。

天災も近親者の不幸も、何もかもすべては〈地〉のせいとして、再び都を移すべく、

第一章 夏の京歩き・ご利益巡り

その場所を探していた桓武天皇にはまさに僥倖。喜び勇んで、京に都を移したのだった。

科学が未だ届かない頃、すべての災厄は、怨霊に代表される目に見えぬ〈邪悪〉のせいだとされてきた。目に見えぬ〈邪〉に対抗するには、目に見えない〈神〉に頼るしかない。それが風水であり、陰陽道だった。四方の神が見守る地に都を置いて、桓武天皇はホッとひと息ついたことだろう。

船岡山

と思いきや、それだけではまだ不安だったと見えて、〈鬼門〉守護にも万全を期した。

〈鬼門〉。読んで字のごとく、鬼が出入りする方角をいい、それは丑寅の方向、すなわち北東と陰陽道で定められている。

恵方巻き、節分の丸かぶりで、すっかり有名になったように、〈恵方〉すなわち吉方は毎年変わるが、凶方は変わることなく、丑寅の方角だと陰陽道で決められてしまった。ゆえにこの方角は忌み嫌われ、魔除けを配置せねばならな

かった。

遠く、比叡山に「延暦寺」を置き、御所との中間には、「赤山禅院」（P40後述）を配した。そして肝心の御所の鬼門は、角をないものとし、さらには魔除けの「神猿」を見張り番に置いた。

猿は、丑寅の反対方向である〈未申〉だからとも、魔が「去る」に掛けたともいわれるが、真意のほどは不明。

しかし、そもそも〈鬼〉とは何か。これもまた平安京から始まったものといってもいい。無論それまでにも概念としての〈鬼〉はいたのだろうが、その姿かたちが定まったのは平安京からである。

〈鬼〉といえば、頭に二本の角を生やし、虎の皮の下着を着けている。口には牙、指には鋭い爪。この牛と虎の合体というべき姿は、最初に〈鬼門〉という概念ありきのものなのである。そしてそつまりこの姿かたちは、〈鬼門〉の方位、「丑寅」から来ている。

の語源は、実在しない〈居ぬ〉者だからとも、〈鬼門〉が陰陽道でいう〈陰〉だからともいわれているが、いずれにしても平安京から生じたのは間違いなさそうだ。

第一章　夏の京歩き・ご利益巡り

「『大丸』さんは陽で、『髙島屋』はんは陰や」

陰陽道、遠く平安京の話……とばかりには言い切れないものと、僕は子供の頃に実感した。

小学三年生の夏休みも終わる頃、宿題をようやく済ませたご褒美にと、朝早くから、祖母がデパートへ連れて行ってくれた。おもちゃ売り場へと気ばかりがあせり、「大丸」の正面玄関前で、十時の開店を今や遅しと、足踏みしながら待ち構えていた。一分前ともなると、店員たちがドアの横に整列し、時計を見ながら開けるタイミングを計っている。僕はダッシュ体勢に入る。と、時報とともに、ドアが開いた。「いらっしゃいませ」の声を聞くが早いか、駆け出そうとする僕のシャツを、祖母がむんずと摑んだ。

たしなめるように、首をゆっくり横に振った祖母は先を歩き、悠々と玄関を潜り、僕はその後をしぶしぶ付いていった。訝る僕に祖母が言ったひとこと。

「朝一番のお店に、男が入るもんやない」

子供には理解できないだろうと思ったのか、祖母はそれ以上の説明を加えなかったし、僕も聞こうとはしなかった。その意味合いを理解するのは、ずっと後のことになる。

中学最後の年だったろうか、祖父母と一緒に、当時、四条河原町を上ったところにあった「ビフテキのスエヒロ」というレストランへステーキを食べに行ったときのこと。ランチタイムの開店と同時に店に入ろうとして、いつもは先に店に入る明治生まれの祖父が、なぜか祖母に先を譲った。三歩下がって、は大袈裟だが、普段なら決まって先を歩く祖父の行動をいぶかしんだ僕が、その理由を訊いた。祖父が答えて曰く、

「陰陽道を知ってるやろ。あれから来てる話や。モノには皆、陰と陽がある。女は陰で、男は陽。陽は陰より強い。陽が先に入ったら陰は入りにくい。そやから店は、一番客にするのは京都だけやろけどな」

何年も前の疑問がようやくここで氷解した。まさかデパートと陰陽道が繋がっているとは、思いもしなかった。そう言われて何とはなしに納得してしまうのが、僕も一人前の京都人になった証かと、少しばかり誇らしかった。

だが、この話はこれで終わらない。驚くべき続きがあった。なんとそのデパート自体にも陰と陽があると祖父は言うのだ。太陽が陽、月が陰、十二支の奇数が陽、偶数が陰、という話を披瀝した後、

『大丸』さんは陽で、『髙島屋』はんは陰や。せやから一回で両方の店を巡ったらアカン」

何を根拠にそう言っていたのか、とうに鬼籍に入った祖父に訊く術もないのだが、思い当たるフシはあった。

『大丸』さんの紙袋を持って『髙島屋』はんに入ってはいけないそう、親から言われていたのだ。だがきっとそれは、商売仇ともいうべき相手に対する気遣いだろうと思い込んでいたが、まさかそこに陰陽道が絡んでいたとは。

当然ながら陰陽道が政を左右していた平安の頃に、『大丸』も『髙島屋』もあるはずもなく、こじつけに違いないのだが、意外なほどに説得力がある。

男が店に一番乗りするのはあさましい。他店の印をこれみよがしに持つのは品がない。それを陰陽道という形を借りて、諫めたものなのだろう。これが京都という街なのだから、ひと筋縄でいくわけがない。

〈鬼〉と平安京

話を戻して〈鬼〉と平安京。『宇治拾遺物語』や『今昔物語』に登場する〈百鬼夜行〉

たとえば平安京遷都千百年を記念して造営されたのが「平安神宮」。「四方」に加えて、「中央」を護るための社として、桓武天皇を祀ったのだ。これは、都が東に移り、中央に「穴」が開いたのを塞ぐ、という目的も持っていたと思われる。千年を超えても、まだ平安京は続いている、その証として「平安神宮」が建ち、京都三大祭の一翼を担う「時代祭」が始まった。

平成の今日、「平安神宮」も「時代祭」も新参とは誰も思わない。まるで平安の昔か

「平安神宮」

が思い浮かぶが、〈鬼〉や妖怪が夜な夜な都大路を徘徊していたというのも、怖いというよりユーモラスな話。そんな怪しの〈鬼〉どもは、〈鬼門〉を怖れていたのかどうか。

〈四神相応〉＋〈鬼門守護〉＝平安京。ともかくも盤石の態勢を整え、見事、京は平安の都となったのだ。

千年の長きにわたって都を護った〈四神相応〉や〈鬼門守護〉は、遠い過去の話ではなく、今も脈々と息づいている。だからこそ、京都に人は魅かれ、ご利益を授かり、リピーターとなる。

第一章　夏の京歩き・ご利益巡り

らあったように、京都観光の重要なスポットであり、イベントだ。

さらには近年、《四神相応》の「五社」として、玄武＝「上賀茂神社」、青龍＝「八坂神社」、白虎＝「松尾大社」、朱雀＝「城南宮」、中央＝「平安神宮」が定められた（いずれも地図A）。いささかこじつけっぽく感じなくもないが、五つの社は京都を護るにふさわしい風格を持っている。これら「五社」を巡って朱印を集めるのも霊験あらたかかもしれない。

目に見えぬものを怖れ、目に見えぬものを信じ、その力に頼る。霊の存在を信じようと信じまいと、盆入りすると「六道珍皇寺」（地図B）へ先祖を迎えに参り、盂蘭盆会、送り火を焚いて先祖の霊を送る。科学的には何ら根拠のない事柄や行事を、何の疑いも持たずに伝承していく。千二百有余年経っても、何ら変わりはないのが、京都の京都たる所以。

「さすが京都」

旅番組の京都特集、もしくは夕方のニュースのちょっとした情報コーナー。テレビ業界には「困ったときの京都頼み」ということばがあるように、何かにつけ京都の街や店

を紹介することが多い。

レポーターがそれを紹介した後、スタジオのキャスターなりコメンテーターが引き継いでひとこと。

「さすが京都ですね」

そう。京都には「さすが」という枕詞が付きものなのだ。これは僕もよく使うのだが、その意味合いはまったくといっていいほど、違う。

マスメディアが決め台詞として使う場合の「さすが京都」は、千二百年も前の平安京が今でも残っている、として感嘆のことばを述べているのだが、僕の場合は、

「千本釈迦堂」本堂

「さも平安京が残っているかのように装うのが見事だ」と感嘆しているのである。

先に、平安京が今に息づいていると書いたが、それはあくまで都人の暮らし、もしくは心根の中だけのことであって、実は、洛中のどこを探しても平安京は遺されていない。

ほとんどすべて焼失してしまったのである。

拙著『おひとり京都の愉しみ』（光文社新書）でも書いたように、旧市街地で遺る最

26

第一章　夏の京歩き・ご利益巡り

古の建築は**千本釈迦堂（大報恩寺）**（地図F）の本堂である。建築は安貞元年。鎌倉幕府が開かれてから三十有余年経って後のこと。その後に応仁の乱があり、都はほぼ焼きつくされた。したがって平安京は埋もれてしまい、人の目には触れないのだ。であるのに、人々の目にはまるでそこに平安京が遺っているかのように見えてしまう。それを僕は「さすが京都」だと故郷を誇りに思うのである。とうに死んでいる人間を、あたかも生きているかのように見せて、観客、読者の目を眩ませる。客は喜んで騙されているのだから、何ら問題は生じない。

これはあくまで事実を述べただけで、夢を壊そうなどとは微塵も思っていない。勝手に幻想を抱いて、勝手にそれを打ち砕かれたくないから、個人的にたしかめておきたかったのだ。

平成二十二年、平城京遷都千三百年という節目を迎えたが、その後も奈良と京都をハシゴする観光客が少なくない。僕の通勤の足でもある市営地下鉄烏丸線は、奈良と直結していて、それゆえ、奈良観光を終えた旅人の会話をしばしば耳にする。つい先だっても、ディパック姿の中年夫婦と隣り合った。

「いや、奈良は凄かったね。奈良時代の建築がたくさん遺っているんだもんな」
「そうでしたね。どこに行っても感動しました」
「みんな、京都、京都って騒ぐけど、京都なんか古い建物、何も遺ってないじゃないか」
「奈良とは比べものになりませんね」

 ご夫妻が漏らされた感想の通りである。何も間違いはないし、反論の余地もない。古さからいえば、京都は奈良に敵うはずがないのである。だがしかし、このご夫妻がこれから先、京都にそっぽを向いて、奈良へとシフトするかといえば、決してそうはならないだろうことを僕は確信している。それが京都という街の魅力、魔力なのだ。京都と奈良。しばしば比較対照されるのだが、こと観光という観点に立てば、このふたつの街には決定的な違いがある。簡単にいえば、京都に人は集まるが、奈良には集まりづらいということ。
 奈良には申し訳ないのだが、京都は「どうすれば奈良のような衰微をみなくてすむ

第一章　夏の京歩き・ご利益巡り

鍾馗さま

屋根の上の神さま

洛中を歩きながら、少し視線を上に遣る。と、そこに飾られた瓦細工と目が合う。町家の軒先に飾られた鍾馗さまは、唐の国からやってきた、魔除け、火除けの神さま。京都に古くから伝わる民間信仰は、一軒の家の大屋根に置かれた鬼瓦から始まった。

——ある家の女性が病に臥した。その原因はどうやら向かいの家の鬼瓦のよう。困り果てた家人は鬼瓦の撤去を頼んだが、それも叶わず。やむを得ず、鬼に対抗できる鍾馗さまを小屋根に載せたところ、たちまちのうちに病は快癒した——という。そんな謂れから始まった鍾馗さまも年々少なくなるものの、西陣、清水界隈の古い町家が軒を連ねる辺りにはいくらでも残っている。

「か」を念頭に置いて街作りをしてきた。実物の古さで奈良に敵わない京都は、イメージ作りに専念してきたのである。

平成の世になって久しい今でも、新築マンションの北東の隅には柊や南天、あるいは桃の木が植えられ、その周りには白砂が撒かれる。南天は「難を転じる」に掛けたものので、柊や桃は、鬼や魔物退治に効果があるといわれている。
古い大きな屋敷を取り壊した跡地に建つ、狭小新築住宅もしかり。北東の角を斜めに切ったり、南天の鉢植えを置いたりして、〈鬼門〉を護ろうとしている。京都を訪れて心安らぐ所以である。
鬼門除けがあり、四神相応の護りがあり、さらには鍾馗さまも動員する。都人の有り様だけは、平安の昔から、千二百年の長きにわたって途切れることなく続いている。そしてこそが真の古都、奈良に対抗できる唯一の手段。これがなくならない限り、京都は悠久の古都であり続ける。

水なかりせば京あらず

人はなぜ京都に魅かれるのか。そのもうひとつの答えが「水」。「水」なくして生命は成り立たない。宇宙探索をしていても、月や火星に生命が存在しているかどうかを判定するのに、「水」の存在がある。「水」の痕跡(こんせき)が認められれば、その星に生命体が存在す

第一章　夏の京歩き・ご利益巡り

る可能性があるという。

一方で人類は太古から、水不足を深刻な問題として受け留めてきた。日本各地で行われてきた雨乞いの神事がそれを象徴している。人は水がないと不安になり、心穏やかでなくなる。しかしながら、「水」と「水分」は違う。海に流されて遭難した人が、周りが「水分」だらけなのに飲み水が尽きて命を落とすというケースがそれだ。つまり人類にとって必要なのは、飲める「水」。それさえあれば、心安らかに過ごせる。

多くの旅人は無意識のうちに、京都には潤沢に「水」があることに気付き、それゆえ、心安らかに京都を旅するのだろう。そう、京都を京都たらしめているもの、それは「水」である。もしも「水」なかりせば、京に都が置かれることすらなかったかもしれない。

千二百年も前にどうやって知り得たのか謎ではあるが、京に遷都した最大の理由のもうひとつが「水」だといわれている。

無論〈四神相応〉、風水学的な観点があっただろうし、天武天皇系の勢力が強大になり過ぎた大和から脱出したい、という狙いがあったのだろう。しかし、長岡京からわずか十年で平安京へ再度遷都した一番の理由は何か。

門外漢の推論ではあるが、やはりそこには「水」問題が絡んでいたに違いないと思っ

31

ている。

発掘調査によれば、長岡京の各家々には井戸が掘られ、今でいう下水道らしきものも整備されていた。淀川の合流点もすぐ近くにあり、物流にも便利な場所だったはずだ。にもかかわらず、干ばつや川の氾濫が起こり、それが原因と思われる疫病までもが大流行した。

それらすべての災厄は「水難」だと推測した桓武天皇は京に都を移した。つまり京の「水」に救いを求めたのだ。

京都は「水」でできている

人体の七割が水分だとはよくいわれることだが、それに倣えば、京都の九割は「水」でできているといっても過言ではない。

そのもっとも分かりやすい例を挙げるなら、誰もが憧れる京都の「食」。

近年、京都の有名店（名店かどうかはともかく、有名であることだけは確かな店）が東京に相次いで進出したが、一番難渋したのは「水」だと料理人たちは口を揃える。店の内外観、食材、器等々、すべてを京都の店と同じにしても、料理だけは同じにならな

第一章　夏の京歩き・ご利益巡り

その理由は「水」。東京の水で料理を作っても京都と同じ味にはできないのだという。

さもありなん、である。京都市の水道水は硬度四二といわれ、それに対して東京のそれは概ね六〇辺りと、数字の上では大きな差はないように見えるのだが、出汁を引けば一目瞭然、昆布の旨みが引き出せないのだそうだ。同じ軟水であっても、数字には表れない何かが京都の「水」に含まれている好例だ。

洛中を歩くと、街のそこかしこで「水」に出会う。神社の一角に湧き出る名水を持ち帰ろうと、ペットボトルやポリタンクを持って順番を待つ列ができている。その中には白衣を羽織った料理人らしき姿もよく見掛ける。

老舗料亭には敷地内に井戸を持つ店もあるが、多くの料理屋はそれぞれ、料理に使う湧水を決めている。毎朝それを汲んできて、昆布を浸すことから、料理の仕込みを始める。

名店の食べ歩きを始める前に、まずは京都の名水巡りというのも愉しい。

「染井」の井戸

もっともよく知られているのは「京の三名水」、あるいは「都七名水」。数の付いた名物の多くと同じく、これも諸説あり、説によって、何処かが入って何処かが抜ける、というのはよくあること。一般には「染井の名水」、「醒ヶ井の名水」、そして「縣井の名水」の三箇所を指すのだが、後のふたつは現存しない。唯一残された「染井の名水」にはいつも長い列ができている。

「京都御所」の北東、秋の萩祭りで有名な**梨木神社**（地図D）の境内にある井戸がそれだ。

柄杓で掬い、ひと口含んでみる。年中ひんやりと冷たく、ほんのり甘い、まろやかな水だ。胃の中を洗い流してくれるような清冽な味わい。

神仏と水

「水」には不思議な力が秘められている。その第一は「清め」だ。

京都に数多く点在するお寺や神社。祀られているのは仏さまや神さま、したがってその参拝方法は両者で異なるのだが、両方に共通しているのは「手水舎」の存在だ。

お寺では山寺域、神域、それらの領域と衆生の世界との境には結界が設けられる。

第一章　夏の京歩き・ご利益巡り

門、神社なら鳥居だ。そして衆生がそれを潜る前にはまず心身を清めなければならない。

そのために使われるのが「水」。

まずは右手で柄杓を持って、水を掬って左手を洗う。再度右手に持ち替えて、左手の掌に水を受けて口をすすぐ。最後に左手を洗って清めの儀式を終える。宗派によって多少の差異はあるものの、神さまも仏さまも、概ね清め方は同じである。

ことのほか神仏参りを大切にする都人にとって、ここでもまた「水」の果たす役割は大きい。

話を「三名水」に戻す。現存しているのは「染井の名水」だけと先に書いたが、復刻版を含めるなら「醒ヶ井の名水」もある。

元は源氏の六条堀川邸の井戸を「醒ヶ井」と呼び、村田珠光、武野紹鷗、織田有楽斎、さらには千利休と、名だたる茶人が愛用したことで知られた。だが先の大戦後、堀川通を拡張するために惜しくも埋め立てられた。

それを惜しんだ和菓子商「亀屋良長」が、平成三年に掘った井戸を、同じ**「醒ヶ井」**

〈地図C〉と名付けた。元あった五条堀川からほど近い四条堀川の東、醒ヶ井通に面している。

「醒ヶ井」の井戸

「醒ヶ井」の井戸を見るにつけ、茶と「水」も切っても切れない関係にあることを実感する。

十月までは風炉だ。しゅんしゅんと沸くお湯を、柄杓で抹茶碗に注ぎ入れる。その瞬間、茶室に抹茶の馨しい香りが漂う。と、一碗の茶を構成するのは、お湯、すなわち「水」と抹茶だ。どんなに厳選された抹茶であっても、「水」悪しければ甘露とはならない。

茶道三千家がすべて京都に家元を置いているのも「水」と無縁ではない。

上京区本法寺前町。小川通に面して建つ裏千家「今日庵」にはかつて「梅の井」と名付けられた井戸がある。小川通という名が示すように、この界隈にはかつて「小川」が流れていた。紫明通から、今出川通を経て、一条通まで。その流れに沿って、北から裏千家、表千家、少し離れて武者小路千家、と三千家が居並んでいる。千利休の高弟、南坊宗啓が利休から授か

茶人にとって「水」は命だといわれている。

第一章 夏の京歩き・ご利益巡り

った茶の湯の心得をまとめた『南方録』には、「茶ノ水ハ暁汲タルヲ用フル也」とあり、そのことば通り、裏千家の家元は早暁、「梅の井」から水を汲み、湯を沸かして茶を点てる。

茶につきものの和菓子も「水」が肝心。「亀屋良長」が「醒ヶ井」の名水を復活させたのもそれゆえのこと。練りきり、きんとん、生菓子には「水」が欠かせない。硬水を使うと砂糖や和三盆糖の甘みがくどくなると和菓子職人は言う。濃茶の前に出される季節の和菓子、そこにも京の「水」が深く関わっている。

千二百年を支えた水の文化

茶、菓子。左党にはいささか物足りないだろう。日本酒にも当然ながら「水」が不可欠。

灘の生一本が男酒なら、伏見の酒は艶やかな女酒。名だたる酒蔵は各々、名水の井を持っている。伏見「御香宮神社」境内に湧き出る御香水は「昭和の日本名水百選」にも選ばれている。意外なことに、京都市で指定されたのはここだけである。豊臣秀吉が伏見城築城に先立ち宇

伏見は、伏水とも書き、文字通り名水の地である。

治川と淀川を直結し、伏見の街に水路を造った。ここも堀川と同じく、「水」が流通に大きな役割を果たしてきた。観光用に運航する「三十石船」に今もその名残りを見ることができる。

茶、菓子、酒。京都を代表する「食」は他にもある。豆腐、湯葉、生麩、漬物、そして野菜。どれもが頭に「京」を付ければ京名物になる。これらもすべて京の「水」がなければ名物たりえなかったはずだ。

たとえば豆腐。洛中にある老舗豆腐店のほとんどすべてが、今も地下水を使って豆腐を造っている。十五、六度という通年安定した水温を保ち、かつカルキなどの混ざりもののない地下水でないと旨い豆腐はできない。だが、ひとくちに旨い豆腐といっても、店さまざま、微妙に味が異なる。それには「水」による差も影響を及ぼしている。京都の地下水にはいくつかの水脈があって、その水系によって微妙に成分が異なり、それが豆腐の味の違いとして表れるのだ。

もしくは野菜。土壌、気候、に加えて「水」によっても作物の味が異なってくると農家は言う。洛北大原と洛南九条とでは「水」が異なり、したがって、同じ品種であっても葱の味わいはまったく違ってくるのだというから面白い。

第一章　夏の京歩き・ご利益巡り

そうして収穫された野菜を糠床に漬け込んだ漬物になると、一層「水」の違いが味に出る。糠と水に長く漬かるのだから当然といえば当然なのだろうが、漬物にまで「水」が影響しているとは思いもしなかった。

食だけには留まらない。京友禅にも「水」の力が及んでいる。かつては鴨川や堀川で友禅流しが行われていたように、「水」に晒すことで、その彩りに鮮やかさが増す。あるいは、「蒸す」工程にも地下水は大いに活躍する。色鮮やかな京友禅もまた、「水」によって支えられてきたのだ。

平安京が置かれてから千二百有余年。この間ずっと京都の街は「水」を守り育ててきた。西、北、東、三方の山に囲まれた京都盆地は、それぞれの山から湧き出る水に潤されてきた。さらには京都盆地の地底深くには、琵琶湖の水量に匹敵するほどの巨大な水甕（みずがめ）が潜んでいる。

「水」には盤石の態勢であると思われていたのに、それでもまだ「水」を求めて琵琶湖に目を付けたというのだから、都人の「水」への執念はただものではない。都が東京に移って意気消沈した都人が、再び息を吹き返した、そのきっかけともなった大事業、琵琶湖疏水（そすい）である。「南禅寺」近辺の日本庭園にも使われ、今ではこの「水」によって京

都は成り立っているといえる。

山、地下に加えて琵琶湖。「水」に対する飽くなき想いが今の京都を造り上げてきた。

京都は「水」あればこその都なのである。

つらつらと「京」を述べてきたが、それらを踏まえて、では実際に歩いてみよう。

夏にふさわしく、「水」の原点を探りながら歩くコース、気分だけでなく、現実に涼しい場所へと辿るコースをまずはご紹介しよう。

一 「水の神さま」歩き──赤山禅院から貴船神社へ

京都の夏は洛北「**貴船神社**」（地図H）の「貴船祭」で幕を開ける。「貴船神社」が祀るのは水の神さま。水の街、京都はここから始まったといってもいい。

「**貴船神社**」への入り口は叡山電鉄の「出町柳（でまちやなぎ）」駅（地図D）。ここはまた、鯖街道（さばかいどう）の終点でもあり、つまりは、洛北と洛中を結ぶ繋ぎ目でもある。

江ノ電にも似た車両は、山肌に沿って里から山へと辿る。「出町柳」駅を出て四つ目の駅が「**修学院**（しゅうがくいん）」。七分ほどの短い乗車時間。ここで途中下車してまず向かうのは「**赤**

第一章　夏の京歩き・ご利益巡り

「赤山禅院」（地図A）。比叡山の真下で京都の鬼門を護る天台宗の寺院だ。

「赤山禅院」の神猿

[赤山禅院]

駅から東へ、修学院離宮道を歩くこと十五分。「修学院離宮」の北西隅に石の鳥居が見える。ここでまずひとつの不思議。寺なのに参道に鳥居が建っているのだ。これは「赤山禅院」が赤山大明神を祀っているからである。神仏習合の名残りを今に留めている珍しいお寺。

境内には「不動堂」、「地蔵堂」、「福禄寿殿」、「稲荷社」、「相生社」とバラエティ豊かに神がおわします不思議な寺だが、一番の見どころは、先述した〈鬼門〉を護る猿。正面拝殿の屋根の上に、金網に囲まれた猿が見える。鈴と御幣を手にした猿は陶器でできていると聞いたが、遠くから見ているとよく分からない。御幣はどうやら金属製のようだ。烏帽子は被っていない。「京都御所」の「猿ヶ辻」や「幸神社」の猿は横顔を見せるが、この「赤山

禅院」のそれは正面を向いている。しっかりと御所を見護っているのだろう。

元を辿れば、円仁（慈覚大師）が唐に入り、登州の赤山法華院で修行し、帰路遭難しかけたのを赤山大明神に救われ、帰国して後、「赤山禅院」の建立を思い立ったのが始まり。だが円仁の思いは果たせず、遺言により、弟子の安慧が仁和四年に赤山大明神をこの地に勧請、比叡山東の「日吉大社」とともに天台の鎮守としたものである。

一説によると、大文字で知られる「五山の送り火」は、この慈覚大師の遺徳を偲ぶことから始まった行事ともいわれている。また「福禄寿殿」は、「都七福神」のひとつである福禄寿を祀っていて、お正月には、七福神巡りの参拝客でにぎわう。おみくじが福禄寿形をしているのも、なんとはなしに愛らしい。さまざまにご利益の多い寺院である。

さてその赤山大明神は別名を「泰山府君」といい、陰陽道の祖神と伝わっている。この寺に「神猿」がいるのは、単に方角だけでなく、陰陽道自体と深く結び付いているか

福禄寿のおみくじ

らでもある。そしてもうひとつ。「泰山府君」は閻魔大王の眷族ともいわれる。だとするなら、小野 篁 とも通じていたかもしれない。平安の昔にいた人物は皆、どこかで繋がっているのも面白い。

都の〈鬼門〉を護る猿をしっかり目に焼き付けたなら、来た道を戻り、再び電車で貴船へと向かう。

[貴船神社]

「修学院」駅の次の駅「宝ヶ池」で、路線はふたつに分かれる。比叡山方向、「八瀬比叡山口」へ向かう線路と、「鞍馬」へ向かう線路。

「八幡前」、「岩倉」と続き、「木野」を通る。この線路沿いには鰻の名店 **松乃鰻寮**（地図A①）がある。香ばしい匂いが漂ってきそうだが、涙を飲んで素通りする。いくつかの駅を過ぎ越して、終点「鞍馬」のひとつ手前「貴船口」で降りる。道路沿いに歩くこと三十分足らず。ようやく鳥居が見えてくる。山路というほどではないが、周りを緑に囲まれた道は、ひんやりと涼しく、歩くことが苦にならない。夏歩きにはありがたい。

「貴船神社」。読みは〈キフネ〉。濁らないのは「水」ゆえのことであると同時に、「気生根(ね)」が語源ともいわれる。「気」が「生」じる「根」っこ、なのだ。が、「貴船」にはもうひとつの語源がある。それは「黄船」。

古く、浪花の津（大阪湾）に、黄色い船に乗った女神が現れ、「吾こそは玉依姫(たまよりびめ)なり、この船の留まるところに社を建て、その神を祀(まつ)れば、大和の国土を潤し、民には幸を与えん」とのお告げがあって、その船は淀川から鴨川を遡(さかのぼ)り、水源に船を留め、社殿を建てたと伝わる。つまりは黄色い船から〈きふね〉と名付けられたというもの。どちらの由緒が正しいのか、詮索(せんさく)は無用。重ね合わせれば、霊験あらたか。

境内「奥宮」本殿前には「船形石」と呼ばれる大きな岩があり、たしかにそれは船の形をしている。

女神の乗ってきた船を、人目に付かぬよう、小石で覆い隠したと伝わっていて、それ

「貴船神社」参道

第一章　夏の京歩き・ご利益巡り

ご神水と「水占おみくじ」

を史実とするかのように、本殿の下には水の湧き出る「龍穴」があるという。どこまでが伝説で、どこからが史実なのか、線引きを曖昧にしているのも京都の奥深さ。

洛中との温度差は明らか。数値はともかく、体感的には五度以上低く感じられる。汗がすーっと引いていくのが分かる。どこからともなく、水の女神が現れても不思議ではない、そんな空気を湛える社である。

ここ「貴船神社」には面白いおみくじがあって、「水占おみくじ」と呼ばれ、水に浮かべると、水の霊力によって文字が浮かび上がるというもの。むろんそこには科学の力が働いているのだが、境内の霊泉に浮かべ、文字が滲み出てくると、そんなことは忘れ去ってしまう。

〈縁切り〉と〈縁結び〉

「貴船神社」には、もうひとつ夏にふさわしい話がある。謡曲の演目にもなっている『鐵輪（かなわ）』がそれ。『平家物語』の

45

「宇治橋姫」に端を発した「丑の刻参り」。おそろしや呪いの儀式、である。

白装束に身を包み、髪はざんばら、白鉢巻きに鉄の五徳を立て、三本の蠟燭を付ける。丸鏡を首から提げ、櫛を口に銜えた姿など、とても人間とは思えない。以前に『おひとり京都の愉しみ』で詳述したように、洛中五条辺りから、洛北のこの社まで通ったというのだから、げに怖ろしきは怨念である。

ご神木に藁人形を当て、木槌で五寸釘を打ち付ける。それも丑の刻というのだから、深夜の二時、三時。最短で七日連続で行わないことには、呪いは掛からない。「結社（中宮）」の大柱におおかつら括り付けられたたくさんの絵馬を見ていると、汗をかくどころか寒気に襲われ身震いする。

和泉式部が夫婦の縁結びを祈願したという逸話もここには残されている。その内容を詳しく書くことは憚られるが、美談なのか、猥雑なのか、その判断は分かれるところだろう。いずれ、夫婦和合には霊験あらたかであったことだけは間違いないようだ。

貴船川の清流

第一章　夏の京歩き・ご利益巡り

だが、夫婦が元の鞘に収まるためには、先に〈縁切り〉が必要だったわけで、その効能もなければ〈縁切り〉祈願に訪れる価値ありということだ。つまり、多くの〈縁結び〉の神さまと同じく、ここもまた〈縁結び〉祈願に訪れる価値ありということだ。

絵馬発祥の社ともいわれる「貴船神社」。賀茂川の源流であるとともに、京都霊力の源でもある。〈縁切り〉にも〈縁結び〉にも無縁であっても、涼を求め、霊を求め、夏歩きには恰好の神社である。

水無月(みなづき)の初日。六月一日には「貴船祭」が行われる。午前十一時。本宮の前には善男善女が集い、祝詞(のりと)を合図に祭典が始まる。なので、叶うなら、朝十一時までには参集したい。だがこれは夏の始まりであると同時に、春の終わりでもある。

鞍馬山中の「木の根道」

貴船の川床

夏の貴船を訪ねたなら、川床といきたいところだが、残念なことに、僕の知る範囲ではお奨め(すすめ)できる店はほとんどない。料理と価格が釣り合わない気が

47

してならないからだ。厨房から席までが遠いのか、天麩羅や鮎の塩焼きが冷めていたり、昔の旅館料理のように、一度にずらりと並べられたり、それでいて一万円を超える会席を食べるくらいなら、流しそうめんで川床の雰囲気を味わうだけで充分だろう。

ひとり分、二束の素麺を十数回に分けて流してくれる。ヨシズで囲った小屋から流れてくるのを、箸を構えて待ち受けるのが愉しい。温泉卵が付いて千三百円。桃色の梅素麺が流れてきたらおしまい。夏の昼餉には最適。店は「**ひろ文**」（地図H㊹）がいい。

「魔王殿」

さて、ここまで歩いてきてかなりの時間を要したはず。体力を消耗する夏場は無理をしない、というのが鉄則だが、もし余力があれば、貴船から**鞍馬寺**（地図H）まで足を伸ばしてみたい。

「ひろ文」で流しそうめんを味わって、駅に向かって歩くと、貴船川の「本宮」近くに、小さな朱塗りの橋が架かっていて、これを渡ると、牛若丸が天狗とともに修行を積んだ

第一章　夏の京歩き・ご利益巡り

と伝わる山道を経て、「魔王殿」「鞍馬寺」へと続く。「背比べ石」、「本殿金堂」、「多宝塔」、「仁王門」と辿るには小一時間を要する。距離にして二百メートルを超える険しい山道。いくら涼しい木陰道とはいえ、油断は禁物。身支度と心づもりを整えてから出掛けたいもの。

ただ、「仁王門」まで辿り着けば、叡山電鉄「鞍馬」駅までは、歩いて一分。市街へ戻るのはうんと楽だ。京の「水」を巡る洛北旅、夏ならではの愉しみである。

二　龍馬ゆかりの地を横に——東山から「二条城」辺り

前項では京の街を南北、縦に歩いたので、本項では、東西、横に蟹歩きしてみよう。

平成二十二年に放映されたNHKの大河ドラマ「龍馬伝」をはじめ、相変わらず坂本龍馬の人気は衰えない。

当時、雑誌社の依頼で、「龍馬ゆかりの地」である高知を二度、長崎と一緒に取材した。高知は龍馬の生まれ故郷、長崎は飛躍をはかった地、それぞれに特色を生かして、観光客を呼び込むのに心血を注いでいた。

高知、長崎と続き、終焉の地となった京都も、これまでにはない熱心さで龍馬と取り組んでいる。さて、どこが一番の集客力を発揮しているのか。

龍馬の墓所に詣でる

京都と龍馬。もっともよく知られるのは伏見の地。後に妻となるおりょうの機転で、危うく難を逃れた「寺田屋」を中心として、「龍馬寿司」を擁する「竜馬通り商店街」などもあり、龍馬ファンには一番人気のスポット。多くのガイドブックで紹介されているので、本書では割愛する。龍馬一色というのも、夏歩きにはいささか暑苦しい。

東山を起点にして、龍馬の足跡を横目にしながら、隠れ名所を辿ってみよう。「霊山護国神社」(地図A-a)からスタートする。いわずとしれた龍馬の墓所。龍馬ファンの墓参は絶えることなく続くが、ここのもうひとつの見どころは眺めである。東山の裾野に建立されているから、京都の市街地が一望のもとに見下ろせる。さすがに如意ヶ嶽、大文字の火床からの眺めには及ばないが、それでも、大方の街並みは見渡せる。

坂本龍馬と中岡慎太郎の墓

第一章　夏の京歩き・ご利益巡り

龍馬ファンならずとも訪ねてみたい神社だ。

龍馬ブームの前、この「霊山護国神社」といえば、都人は観音さまを思い起こすのが常だった。あるいは僕の祖父などは「京都招魂社」と呼んでいた。

明治元年、明治天皇の命によって、日本初の官祭招魂社として建立され、幕末の殉難者、さらには第二次大戦の英霊をも祀っている。観音さまは、それらの霊を弔うために建てられたもの。歴史は浅いが想いは深い。

龍馬の墓近くからの眺め

社を出て西に歩くとすぐ「高台寺」に出る。あまりに知られた寺ゆえ、詳細は省く。近年はライトアップで繁盛していて、商い上手のお寺である。その前にある「圓徳院」はマイ守り神であると拙著に記した通り、「三面大黒」さまは素通りできない。手を合わせ、北に進み、「八坂神社」へと辿る。ここもまた京都一番の有名神社。多くはガイドブックに記してある。言わずと知れた「祇園祭」の総本社である。七月、京の街は「祇園さん」一色となる。そのいくつかは次章で述べるとして、先を急ぐ。

早めにランチタイム。というには少しわけがある。

「とり新」の親子丼

このコースでランチを摂るなら**「とり新」**(地図B⑥)の「親子丼」がいい。縄手通新橋角の石畳には、昼前にもなると、ちらほらと行列ができていく。基本的には十二時開店だが、あまりに行列が長いといくらか早く暖簾(のれん)が上がることもある。

テーブルがふたつと八席ほどのカウンター。主人ひとりで一度に作れるのは三人前が限度。たいていは二人分ずつ作る。列の長さにもよるが、表で二十分、店に入って十分。三十分は待たねばならないが、それだけの価値は充分ある。食事のために並ぶことをもっとも苦手とする僕が言うのだから間違いない。

硬めに炊かれたご飯の上に、卵でとじた鶏肉が載り、さらに卵の黄身だけが中央に盛られる。黄身をいつ潰(つぶ)すかが重要なポイントだが、僕は最初から潰して、一気に搔(か)っ込む。大切なのは粉山椒(こなざんしょう)。幾分多めに振りかけるのが京都流。竹筒に入った山椒と一味

が置かれているが、先に一味を取り、山椒には目もくれないのはきっと観光客。都人とは正反対。辛いもの好きの僕でも、風味が強過ぎる一味は使わない。

上等の卵かけご飯と、親子丼を一緒に食べるような幸せご飯。本業は鶏鍋屋だから、鶏肉の旨さは言うまでもない。ご飯、卵、鶏肉が三位一体となって、舌から喉、胃袋へと、するする滑っていく。添えられた吸い物や香の物にも抜かりはなく、実に上等な昼ご飯だ。

第三章で紹介するように、ここは鶏料理の「鳥新」が併設している店で、龍馬ゆかりと謳ってもいいのにもかかわらず、それをしない潔さは、たった一杯の丼にも表れる。年々少なくなっていく、良心的な「京」料理店の貴重な一軒といってもいいだろう。龍馬はおろか、京都をも謳わない店。並んでも食べたいところ。

木屋町通に残る足跡

四条大橋まで南下し、鴨川を渡る。先斗町を越えて、木屋町通を北へと辿れば、そこには龍馬ゆかりの足跡がいくつか残されている。

三筋ほど北に上り、小学校の跡地を越えて西に入る。と小さな祠が見え、ここが

「岬神社（土佐稲荷）」（地図B）、土佐藩の鎮守社として建てられたもの。先の小学校前には、土佐藩邸があったという印が石碑と立て札で残されている。脱藩という罪を犯し、その咎送りとして一週間の謹慎を余儀なくされた龍馬は、土佐藩邸から、飽かずこの社を眺めていたという。

「岬神社（土佐稲荷）」

「酢屋」

木屋町通に戻り、さらに北へ。六角通の角に建つ石碑は、龍馬の妻となるおりょうが、ここに住んでいたことを知らせている。

さらに北へ、大黒町には、龍馬が暗殺される三日前まで滞在していたとされる「酢屋」（地図B）がある。当時、材木商を営んでいた店の主人が、その取引先の土佐藩で龍馬と知り合い、意気投合したのだと伝わる。龍馬はここに海援隊の本部を置き、投宿していたことを乙女姉さんに手紙で知らせている。

第一章　夏の京歩き・ご利益巡り

店の二階には当時の様子が再現され、公開もされている。

なぜ木屋町通に、龍馬ゆかりの地が集まっているかというと、高瀬川が伏見へと繋がる重要な水路だったからである。

木屋町通から三条通へ出て西へと歩く。幕末騒動の舞台「池田屋」の跡は若い人向けの居酒屋になっている。それを横目に河原町通へ、アーケードの付いた三条通を西へと進む。取り立てて見るべきものもないのだが、陽射しを受けないので、その分いくらか暑さは和らぐ。

アーケードが途切れた後も、三条通に人波は絶えない。近年この界隈は若い人向けのファッションストアが増えたせいで、烏丸通まで人が流れていく。

烏丸三条から北へ歩くと、烏丸御池の交差点に出る。

[二条殿跡]

かつて、この地にかくかくしかじかの施設があった……。その名残りをつぶさに見られるものもあれば、かけらも残っていないところもある。だがそれは、地上だけのこと。発掘調査すれば、ちゃんとその遺構は遺されていて、往時の様子をまざまざと見せつけ

てくれる。烏丸御池近くにあって、広大な屋敷を擁していた「二条殿」跡（地図C）などはその代表である。

場所は「京都御所」の南西方向、烏丸御池を北に上り、西に少し入った辺り。二条殿町という地名にその名残りが見て取れ、御池之町、龍池町にまで広がっていたといわれている。

元は陽明門院の御所。後に藤原家の邸宅を経て、後鳥羽院の仙洞御所となった。その後、紆余曲折を経て、二条家代々の邸宅となった。栄華を誇っただろうことは、「洛中洛外図」を見れば一目瞭然。屋敷と南側の庭園がはっきりと描かれている。

この屋敷に目を付けたのが、かの織田信長。何しろ信長は、鳴かぬなら殺してしまえと詠うほどのせっかちな侍。二条家を追い出して、この「二条殿」を自らの京屋敷としたとも伝わっている。ではあるが、別の説では、二条家には代替地を用意し、丁重に扱ったともいわれているから、歴史は両面を見てみないと分からない。

いずれにせよ、ここを京の宿とした信長は、庭の池を眺めながら入浴できるサウナ風呂を作っていたことが、近年の発掘調査で明らかになった。

床にすのこを敷いた小屋と、身体を洗うためのかまどと、今の日本旅館も真っ青の立

第一章　夏の京歩き・ご利益巡り

派な風呂。ここで信長は自ら湯浴みを愉しみ、客をもてなしたのだろう。四百年以上前も、今と変わらず、日本人は自然と一体になって湯浴みすることに、何よりの贅を感じていたのだ。

ビルの谷間に立って、往時を思い浮かべるのも、京都ならではの街歩き。

「御金神社」から「二条城」へ

「二条殿」の跡地から西へと辿る。両替町、衣棚、釜座など、往時の生業を表す通り名が興味深い。西洞院通まで来たら北へ折れる。と、その左側に、朱色ならぬ、金色

「御金神社」

ご神木の銀杏

に輝く鳥居が見えてくる。これが「**御金神社**」（地図C）。「おかね」と読みたいところだが、「みかね」と読む。

大方の期待を裏切って、この社が本来崇めているのは「お金」ではなく「金属」ではあるのだが、そこはそれ、最近では「お金の神さま」としても崇められている。金融マンをはじめ、宝くじ祈願や、果てはギャンブラーまで、金運を授かりたいという参拝客が引きも切らない。さてそのご利益あるやなしや、と思い、境内の奥を見上げると、そこには銀杏の大木が聳えている。ご神木である。

この木の枝振りをよく見てほしい。ところどころ、龍のように見えないだろうか。真冬の裸木ならもっと見やすいのだが、たしかに天に昇る龍に見える枝がいくつかある。龍神、龍馬、いずれにしても縁起物。きっと金運も授かるに違いない。

ご神木に由来する銀杏形の絵馬も面白く、境内で無人販売されている黄金の財布も愉しい。小さな祠にいくつも見どころがある神社は、夏の京歩きに最適。

社を出て北へ、押小路通を西に歩くとすぐに「二条城」が見えてくる。最近の僕のお気に入り「ANAクラウンプラザホテル京都」（地図C）の前には小さな掘割があり、堀川通の名の由来が小さな清流となって復活したのは嬉しい限りだ。

第一章　夏の京歩き・ご利益巡り

「二条城」近くの散歩道

御池通から「一条戻橋」(地図E)辺りまで、小さなせせらぎに沿って歩ける散歩道が近年整備された。堀川通の車道から一階分ほど低くなっているので、車を気にせずに散策できる。ところどころにベンチが置かれ、いくつもの橋を潜る自然の変化も併せて、これから人気の散歩道になりそうだ。現在、車を気にすることなく、自然の移ろいを感じながら歩ける京の散歩道、私的ベストスリーは、「鴨川」、「京都御苑」、「哲学の道」などのだが、樹木の整備次第では、その一角に食い込みそうな予感。「一条戻橋」辺りまでの往復ならおよそ三キロ。四十分ほどで歩けるだろう。

「一条戻橋」といえば、千利休の首が晒された橋。すぐ近くの「晴明神社」をはじめ、いくつものスポットがあるので、ここはまた季を改めて。

ちなみに、「ANAクラウンプラザホテル」前辺りには、「二条城」築城当時の古い石垣が使われている。

京都に十七ある世界遺産はほぼすべてが古社寺だが、唯一この「二条城」だけは別。時代の一大転換、

大政奉還が行われた場所として広く知られている。

城とはいえ、その面影は薄く、寛延期の落雷で五層の天守が焼失し、天明の大火で本丸殿舎と櫓を失った。二の丸御殿や庭園など、見どころも多いが、ここもまたガイドブックに詳細が記されているので、多くは書かない。

「神泉苑」の回転する祠

御池通に沿って西へ、道路が二車線になって間もなく、玉垣が見えてくる。ここが【神泉苑】（地図C）。石の鳥居や、池に架かる朱塗りの橋を見て、神社と見まがうだろうが、ここは、御池通の名の由縁とも伝わる、歴とした真言宗の寺院だ。

平安京の南東に位置し、かつては規模の大きな禁苑だったところ。禁苑は、禁園とも書き、すなわち皇居の庭園を指す。一般には立ち入りを禁じられたここには、今の境内をはるかに超える広さの池があり、常に清らかな泉が湧き出ていたことから「神泉苑」と名付けられた。本堂に祀られているのは聖観世音菩薩だが、その横の灯籠には弘法大師の名が刻まれている。

「神泉苑」と弘法大師、その関わりは雨乞いの儀式に由来する。

第一章　夏の京歩き・ご利益巡り

平安初期、天長干ばつに際し、雨乞いコンテストが行われた。戦ったのは「東寺」代表の弘法大師と「西寺」代表の守敏僧都。弘法大師空海が池に「善女竜王」を勧請し祈りを捧げるとたちまちのうちに慈雨が降り、守敏に勝利した。これが元となって「西寺」が廃れたとも伝わる。この話には続きがあるのだが、それはまた季を改めて。

それはともかく「神泉苑」。空海によって霊力を確かめられ、早良親王の霊を慰める御霊会が行われ、その後貞観十一年の疫病流行時には「祇園社（八坂神社）」の御霊会が開かれている。この際に行列を組んだのが、日本の国の数にあたる六十六基の鉾。これが今の祇園祭の嚆矢とされているから、由緒正しき寺なのである。

この寺で源義経と静御前が出会ったことから、縁結びに霊験あらたかといわれ、いくつかの逸話が残っている。そしても

「神泉苑」

「恵方社」

うひとつ。この寺には日本でただひとつという、珍しい祠がある。それが「恵方社」。歳徳神を祀り、それゆえ、毎年この祠は恵方を向くのだ。つまりは回転式の祠。毎年の大晦日。午後十一時を期して、翌年の恵方に祠の正面が向けられる。年によって祠の向きが変わるというのは、全国でここだけだそうだ。

「神泉苑」を出て、御池通の向かいに渡る。コーヒーショップの角を南に下ると大宮通。このコースのゴールを目指す。

「そば処 更科」の蕎麦

歩き疲れて小腹が減ったなら、恰好の蕎麦屋がある。店先に下がる赤い提灯に「**そば処 更科**」(地図C㉖)とあるのがその目印だ。

夏場ならあっさりと、ざる蕎麦がいい。麺類全般、丼も旨く、京都らしく風味豊かな出汁の味が際立つ。目立つ場所でもないが、いつも客でにぎわっている。おそらくはどのガイドブックでも、高名轟く有名店でもないが、いつも客でにぎわっている。本当に旨いのはこういうところなのであって、ガイドブックにも登場していないだろう店。本当に旨いのはガイドブックの常連店でわざわざ長い列に付いて、急か

第一章　夏の京歩き・ご利益巡り

されながら食べるよりよほどいい。覚えておくときっと重宝する。

店を出て南へ。途中、西側の家の小屋根に不思議な木像を見つける。京の町中のあちこちで見かける鍾馗さまと同じ役割を果たしているのだろう、二匹の邪鬼が懸命に家を護っているように見える。元は薬局だというから、看板も兼ねていたのだろう。可笑（おか）しみを誘う不思議なオブジェを見上げてしばらく歩くと、アーケードの架かる三条通に出る。そう、ここも三条通。寺町通で途切れたアーケードが、堀川通から復活しているのだ。

千本通まで続く長い商店街には、何軒ものさまざまな業種の商店が並び、昔ながらの商いを続けている。川魚、野菜、菓子、どれもが馴染み客の舌を喜ばせてきた。観光客のほうばかりを向いている昨今の錦市場よりも、こういう商店街にこそ、京の本物が潜んでいる。土産を物色しながら東西に歩くのも一興だ。

屋根の上の邪鬼（？）

「武信稲荷神社」の大榎

三条通と大宮通の角を西へ、「西友」の前を通り越して、次の道を南に下ると、右手に朱の鳥居が見えてくる。ここが今回のコースのゴール **「武信稲荷神社」**(地図C)。龍馬ゆかりの神社である。

稲荷神社らしく、朱の鳥居の両脇には阿吽の狛犬ならぬ、白狐が控えている。何より目立つのは、樹齢八百五十年ともいわれる大榎の木。この神社が龍馬ゆかりと伝わるのはこの大木に由縁がある。

この神社のすぐ南側に当時、幕府直轄の六角獄舎という牢獄があり、そこには勤王の志士がたくさん収容されていた。その中に龍馬の妻おりょうの父である楢崎将作も、勤王家の掛かり付け医だったために入れられていた。おりょうと龍馬は何度か訪れるが、当時は女性が牢獄へ面会などできようはずもなく、龍馬自身も狙われる身であり面会はかなわない。そこで一計を案じた龍馬は、おりょうとともにこの木に登って、上から様子を探ったと伝わっている。

さてこれが史実かどうかは知る由もない。だが高知生まれの龍馬、山深く、脱藩の道を走りぬけたことを思えば、木登りなどなんのことはないだろう。大木を見上げている

第一章　夏の京歩き・ご利益巡り

「武信稲荷神社」

境内に立つ大榎

と、高知弁が聞こえてきそうだ。

この大榎にまつわる話には続きがある。

命を狙われている龍馬はおりょうと離れ、身を隠す。おりょうは龍馬の身を案じ、近辺を探し回るがなかなか出会うことができない。

そんなある日、ふたりで何度も訪れた「武信稲荷神社」の榎を思い出し、ふと訪れてみた。そして大木を見上げたおりょうは、驚きの声を上げた。なんとそこには龍馬からおりょうへ伝えるように、大榎の中ほどの幹に「龍」の一字が刻んであったという。

こんな素敵なエピソードが残されているのに、この「武信稲荷神社」は龍馬ガイドブックには滅多に登場しない。なぜかと考えてすぐに思い当たった。それらが足で探し歩いて作られた本ではないからである。

数多く出版されている京都本、他誌の「パクリ」が目に余る、と僕は繰り返し書いてきたが、こと龍馬本でも同じ愚を犯しているのだろう。僕はこの神社を、「ANAクラウンプラザホテル」滞在中、朝の散歩で偶然見つけた。歩いて見つける。歩いて見つけるしいのだ。人が百人、道を歩けば、気になるもの、目に付くものは百人百様、皆異なるはずである。歩かずに、他誌を寄せ集め、ネットで検索するから同じ作りになる。同じ名所、同じ店を紹介する。個性なき京都本は数知れず。

本章で紹介したふたつのコース。歩いてみて、僕とは違う見どころを見つけていただけたなら、紹介した甲斐がある。著者冥利(みょうり)に尽きる。

本書はいうならば白地図。これを元に、色を塗り、書き加えて頂けたら幸いである。

66

第二章

夏のひなみ　つきなみ

一 夏の走り――半ばからの水無月

月並みな表現、といえば、平凡でありきたりな表現であることを指す。つまり月並みということばは概して、凡庸なつまらないもの、という意味合いで使われるのだが、本来、月並みとは、毎月決まって行われることをいい、ある意味で、とても大切なことを指すのでもある。と同時に、日並み、ということばもある。毎日決まって行うことを指すのでもある。

たとえば、家庭でなら、毎朝仏壇にお線香を上げて、ご先祖さまにご挨拶すること。これなどは大事な日並みである。

そこで京都。京都には季節季節に大切な行事があり、それをして、日並み月並みとして表してみよう。

京都、そこは言うまでもなく観光都市だ。ゆえに、観光客を愉しませるための店や施設が数多く存在する。だがそこに本物の京都を見かけることは少ない。誇張し、化粧を施した「京」はあまりにも「京」が過ぎる。観光客向けに厚化粧したところではなく、素顔の店や食にこそ、本物の京都が潜んでいる。

第二章 夏のひなみ つきなみ

普段着の京都、それを垣間見せるのが、梅雨のさなか。ひととき観光客の姿が途絶えたわずかな間。「京都御苑」、「鴨川」、京都人の憩いの場所は、京都観光に欠かせないところでもあるのだが、そこには多くの都人が普段の表情を見せている。カメラを構える観光客に、犬を散歩させながら京都人は言う。

「シャッター押したげよか?」

我が町京都に憧れて訪ねてくれたことを喜んでいる、それがほんまもんの京都人の姿なのだ。"一見さんお断り" "京のぶぶ漬け"、そんな神話によって植え付けられた排他的なイメージは、トップシーズンに押し寄せる観光客に対するバリヤでもある。少しばかり季節を外せば、普段着の京都を垣間見ることができ、きっとそれによって、先のイメージは払拭されるに違いない。

雨の京都。もしも出会えたなら神に感謝しなければならない。それほどに雨に濡れた都大路は、しっとりと情緒を湛え、青空の下では決して見せることのない艶やかな姿を晒すのである。

近年やたら目に付く京都の媚態に辟易している向きに、ぜひともお奨めしたいのがこの季節。夏の走り、雨の水無月だ。さすがにこの時期だけはあきらめているのか、官民

ともに、さしたるイヴェント、キャンペーンを用意していない。心静かにマイペースで京都を堪能できる。

夏の花

夏の走りにこそ訪ねたいところ。そして見ておきたいこと。京の夏支度。

夏の走り、実感ではかるなら概ね六月の半ば辺りからだろう。六月の始め頃はまだ春の続き。暦の上での入梅は六月の十日過ぎ。しっとりと雨粒を含んだ緑が目に鮮やかな候。

しかし実際にはこの頃は梅雨真っ盛り。

この時期の花は紫陽花（あじさい）。

早咲きなら、紫陽花寺の異名をとる「三室戸寺（みむろとじ）」（地図Ｉ）、あるいは「藤森神社（ふじのもり）」（地図Ａ）。いずれも洛南に位置し、洛中からは少し外れるが、京阪電鉄やＪＲを使えば、両方巡ることは容易（たやす）い。雨のそぼ降る日に、光源氏を思い浮かべながら歩くのも一興。

洛北鷹峯（たかがみね）の「常照寺（じょうしょうじ）」（地図Ａ）、嵯峨（さが）の「二尊院（にそんいん）」（地図Ｊ）なら六月半ばから七

「三室戸寺」の紫陽花

第二章　夏のひなみ　つきなみ

月に入っても花を愉しめる。京都と紫陽花、意外に似合う。

[祇園放生会]

祇園「巽橋（たつみばし）」（地図B）。おそらくは京都でもっとも京都らしい場所ではないだろうか。二時間サスペンスや、旅番組の京都。この橋が映らないことは先ず以てない。舞妓、芸妓姿をよく見掛けるところでもある。この地にもっとも縁遠い存在は修行僧だろうか。だがこの艶やかな橋で、比叡山の大阿闍梨（おおあじゃり）と舞妓が並び立つ姿を、一年に一度だけ観ることができる。それが「祇園放生会（ほうじょうえ）」。

放生会とは、殺生を戒（いまし）める宗教行事で、日本各地で行われる。その季節はさまざまだが、京都祇園では六月の上旬（第一日曜日）、白川の流れに鯉（こい）の稚魚を放流する。この時期は梅雨の最中なのだが、不思議と雨が降らず、たいていは夏の陽射しが降り注ぐなか、有難くも微笑（ほほえ）ましい阿闍梨さまの姿を拝むことができる。

新聞、テレビ、地元では必ずこの行事は報道され、これを見て、都人は夏近しを感じ取るのである。

このとき、阿闍梨さまが被っておられる網代笠（あじろがさ）に注目したい。

これが今や、代表的な京土産として大人気の「阿闍梨餅」のモティーフであることは、存外知られていない。ただ売られているからと人気だからと列を作って買い求めるのではなく、その「はじまり」に思いを致すことが何より大切なこと。もちもちとした食感、あっさりした甘み。京都一の人気菓子には、厳しい修行を乗り越えた阿闍梨さまの労苦を思い、その功徳にあやかりたいという願いが込められているのだ。それを知れば京都旅が一層味わい深くなることだろう。

阿闍梨さまの頭に注目したなら、今度は舞妓さんの簪を挿しているはずだ。

舞妓さんの簪をよく見てみよう。〈やなぎ〉の簪を挿しているはずだ。舞妓さんの簪は季節ごと、正確にいえば月ごとに換わる。六月は〈やなぎ〉、七月は〈うちわ〉、八月は〈あさがお〉〈すすきはなび〉といった具合。

但し、祇園祭の間だけは、姉舞妓に限り、〈お祭り〉と呼ばれるものを挿すのが通例。

ニセ舞妓もここまでは真似できまい。

祇園「巽橋」

第二章 夏のひなみ つきなみ

　舞妓に変身する商いがはびこり始めて久しい。祇園界隈での舞妓コスプレは噴飯ものだ。アキバ辺りでコスプレを愉しむのは勝手だが、いきなり舞妓姿になって、こっぽりで歩けるわけがない。普段着の着物すら着たことのない女性が、いきなり舞妓姿になって、こっぽりで歩けるわけがない。歩き疲れて道端に座り込む醜悪な姿にカメラのレンズを向ける物好きも少なくない。目立ちたくて舞妓コスプレをしているのだから、素人カメラマンに対して、彼女らは喜んでポーズを取る。これが当然のようになってしまって、ついに素人カメラマンは、本物の舞妓さんにもポーズを取るよう要求する。
　このことが過日の新聞で大きく報道されていた。舞妓さんの襟首(えりくび)を摑(つか)んで顔を向けさせる。顎を持ち上げて接写する。そんな蛮行が後を絶たないのだと記してあった。時には恐怖すら感じると、舞妓さんの感想があった。
　この責任の一端はコスプレ舞妓にある。記事にはなかったが僕はそう思う。舞妓、芸妓は伝統を守る、京都の大切な生業なのである。舞妓姿になりたければ、ちゃんと修業を積んで、正しい立ち居振る舞いを身に着けてからにしてほしいものだ。
　阿闍梨さまは修行、舞妓さんは修業。積み重ねてきたからこそ、「放生会」で並び立つのである。

「南禅寺」の「水路閣」

洛東の名刹「清水寺」から「銀閣寺」へ。なだらかな東山の山裾に沿って、京都を代表する観光コースだが、ここはまた、多くの京都人が愛する散策路でもある。とりわけ、「哲学の道」が始まる「南禅寺」から北は、疏水の流れに沿って静かな散歩道が続く。途上、この時期にはぜひひとつ立ち寄りたいのが「南禅寺」（地図A）。かの石川五右衛門は、この南禅寺の桜を絶賛したというが、桜はなくとも都の絶景は必見。都人の暮らし振りを見下ろせる。

「水路閣」

雨に打たれた「三門」は艶やかなまでに美しい。「三門」を見上げた後は「水路閣」へ。レンガ造りのアーチが美しいそれは、琵琶湖疏水の大事な水路。天川のごとく、東から西へ水が流れている。

レンガ造りの水路、見上げることはあっても、その果たす役割を間近に見ることは少ない。上を流れる水路、夏にはぜひその流れを確かめておきたい。東から西への流れに

雨が落ちれば、なお一層美しい眺めとなる。

ここから少し西に、インクラインまで足を伸ばすと、通称「ねじりマンボ」というレンガのトンネルがあって、その上に陶器の銘板が嵌め込まれている。これはかつてこの地で焼かれていた粟田焼。時代とともに消え去ったが、ここにその名残りを留めている。刻まれる「雄観奇想」の四文字に込められただろう思いは深い。雨は古きを思い起こさせてくれる。

上から見た「水路閣」

夏越の祓・茅の輪くぐり

六月の末日。一年の折り返し点ともなるこの日、京都の多くの神社では「夏越の祓」が行われる。半年間の罪や穢れを祓い、残り半年の無病息災を願う。

境内に設えられた「茅の輪」を潜るのが習わし。〈水無月の夏越の祓えをする人は、千歳の命のぶというなり〉などと唱え、決め

られた方法で潜り回るのだが、ことばで説明するのは難しい。「茅の輪」の傍には必ず潜り方が記してあるので、それに倣うのがいい。洛中の主な神社なら、たいていこの行事が行われる。

お参りを済ませたら、和菓子屋へ出向き、「水無月」を買って食べるのが都人。外郎地を氷に見立て、厄除けの小豆を載せた三角形の素朴な菓子はこの日に食べる。

余談になるが、京都一の名旅館「俵屋」(地図B⑭)の玄関先にも、この時期は「茅の輪」が設えられる。京の夏の風物詩はしかし、重要な行事でもあり、それを宿に設える辺りが、さすがの名旅館。京の真っ赤な野点傘やテープが奏でる琴の音、舞妓うちわと風鈴で「京の夏」を表す宿とは、ひと味も、ふた味も違うのである。

「水無月」

蛍川

ずいぶん少なくなったとはいえ、京の街中のあちこちに「蛍川」がある。

第二章　夏のひなみ　つきなみ

蛍の灯りはラブコール。縁を結ぶ相手に対するアピールだ。ひと夏の恋。そんなことばが浮かぶ。洛北「上賀茂神社」なら「ならの小川」や「御物忌川」で蛍が飛ぶ。あるいは下鴨の疏水べり。府立大学近くの流れにはかなりの数の蛍が飛ぶ。「下鴨神社」の「泉川」、「哲学の道」、鴨川の支流ともいえる「禊川」など。洛中の小さな流れで蛍狩りを愉しめる。

窓辺を蛍が埋め尽くす「蛍窓」とまではいかないが、「蛍川」なら市内にいくつも流れる。

ふわりふわりと水面を飛び交い、光を放つのは雄蛍。葉っぱの上で光りながら雄を誘うのは雌蛍。夏の訪れを告げる灯りは、京の街を仄かに照らす。人工的なライトアップでは、こんな情緒は決して醸し出すことはできない。

二　夏の盛り──文月

祇園さん

この月の花といえば桔梗。淡い紫は夏の暑さを和らげてくれるようだ。紫式部ゆか

りの「廬山寺」(地図D)、芭蕉、蕪村など俳諧と縁の深い寺「金福寺」(地図A) などが桔梗の寺として知られている。

この月、京都を一色に染め上げるのは祇園祭。「祇園さん」である。
「祇園さん」。多くの京都人は、親しみを込めて、祇園祭をそう呼んでいる。
梅雨のさなか、六月も終わろうかという頃。

「もう祇園さんどすなぁ」
「そうどすなぁ。また暑なりますにゃろなぁ。祇園さんになったら、すぐ夏どっさかいなぁ」

「祇園祭」。一般には、七月十七日の「山鉾巡行」辺りの数日間の祭礼だと思われているが、実際には、七月一日の「吉符入」から始まり、二日の「鬮取式」、十日の「鉾建」と続き、十七日の本番を経て、三十一日、「夏越祭」で最後を締めくくるまで、まるまる一ヶ月も続く祭礼である。

七月、京都の街は「祇園さん」一色となる。普段は夜の街のイメージが強い祇園だが、

第二章 夏のひなみ　つきなみ

この時期だけは昼夜を問わずにぎわいを見せ、祇園を歩く人々の表情にも熱気を帯びた昂揚感が漂う。

盆地ゆえの蒸し暑さから逃れることの叶わぬ京都。ならばいっそのこと、夏の京都旅ならではの愉しみ。祇園を歩き、「祇園さん」を味わい、京都の町衆の熱気を肌に纏い、時には「暑中涼」に憩う。七月の京都旅はそうありたいもの。

「ならの小川」

「廬山寺」の桔梗

祇園祭の一ヶ月

貞観十一年、都に蔓延していた厄病を退散させようと祈願した「祇園御霊会」を起源とする祭礼は、千百年もの長い歴史を重ね、都人の心に幾重にも及ぶ深い襞を織り込んでいる。鉦、太鼓、祇園囃子が響き、

白地に赤、艶やかな舞妓うちわが店先を飾る。京都の町は「祇園さん」で夏を極める。一ヶ月にも及ぶ祇園祭は次の通り。

□ 吉符入（一～五日）
祇園祭の安全を祈願する儀式。

□ 長刀鉾町お千度（一日）
長刀鉾町の稚児が八坂神社に参拝し、神事の安全祈願をする。

□ 鬮取式（二日）
京都市役所で山鉾巡行の順番を決める。

□ 山鉾町社参（同）
鬮取式の後の八坂神社への参拝。

□ 鉾建・山建（十～十四日）
鉾や山が各町内で組み立てられる。これを機に、都人の祇園さん気分は一層盛り上がる。

□ お迎提灯（十日）

第二章　夏のひなみ　つきなみ

神輿を迎えるための提灯行列が、八坂神社から寺町通までを回る。
□ 神輿洗式（同）
　松明をつけて四条大橋まで神輿が進む。
□ 稚児社参（十三日）
　長刀鉾の稚児が馬に乗り、八坂神社を参詣する。

「山鉾巡行」

「鉾建」

- 宵々山から宵山（十五、十六日）

  山鉾に駒形提灯が吊られ、夕方には火が灯り、祇園囃子が響く。浴衣姿の見物客が、歩行者天国となった四条通界隈を埋め尽くす。

- 山鉾巡行（十七日）

  長刀鉾を先頭に四条烏丸に集まった後、四条通を東へ、河原町通に入り、御池通から新町通へと辿る。見どころは各曲がり角で行われる「辻廻し」。カーブを切れない山鉾を、青竹の上を滑らせて直角に車輪を曲げるのは圧巻。

- 神幸祭（同）

  夕刻、八坂神社三基の神輿が氏子区内を巡行し、四条御旅所に着輿し、その後二十四日までここに留まる。

- 花傘巡行・還幸祭（二十四日）

  旅していた神輿が八坂神社に戻る。

- 神輿洗式（二十八日）

  四条大橋で神輿を清めた後、元に納める。

- 夏越祭（三十一日）

八坂神社内の疫神社で、「祭神、蘇民将来の護符を奉持する者は疾病より免れしめる」という故事により、鳥居に茅の輪を設ける。

舞妓さんの名入りうちわ

ざっとこんな具合である。が、これは大まかな流れであり、この間にも「献茶祭」や「狂言奉納」など、さまざまな行事が続く。

宵山と山鉾巡行だけを祇園祭と捉えるのは観光客だけであり、都人にとって、祇園祭は一ヶ月にもわたる長い祭りなのである。

舞妓さんの名入りうちわ

何も祇園に限ったことではないが、割烹や料亭、花街に近い料理屋の店先に、舞妓や芸妓の名が入ったうちわが飾られている。

「京丸うちわ」と呼ばれるそれは、六月の半ば頃から、名刺代わりにと、舞妓や芸妓が世話になっているお茶屋や料理屋に配ってまわるもの。白地に赤で書かれた名は、見る

祇園祭の「粽」

京都の町、多くの民家や商店の軒先に「粽(ちまき)」が掲げられている。かつては巡行の際に、山鉾から投げられた粽を持ち帰り、厄除けの徴(しるし)として玄関に飾ったが、今は危険防止のために粽投げはなく、各山鉾町の会所で売られている。

古く、「八坂神社」の祭神である「牛頭天王(ごずてんのう)」、すなわちスサノオノミコトが、一夜の宿を求めた。裕福な「巨旦(こたん)」はこれを断ったが、貧しい「蘇民将来(そみんしょうらい)」は手厚くもてなした。これにいたく感動したスサノオノミコトはやがて行疫神(ぎょうやくじん)となり、巨旦の国は一気に滅ぼしたが、蘇民将来には、子々孫々の代まで害は与えないと約束した。その際、厄

軒下の粽

だに艶(つや)っぽい。
　裏には家紋が入り、七月になれば、贔屓(ひいき)客にも配られる。そっと扇げば、風とともに、白粉(おしろい)の香りがほんのりと、は気のせいか。基本的に市販はしておらず、入手は難しいが、宿や料理店によってはプレゼントしてくれるところもある。

第二章　夏のひなみ　つきなみ

「知恩院」御影堂

除けの印として、粽を飾ることを教えたと伝わっている。民家の軒先に飾られた粽に、「蘇民将来の子孫也」と書かれている所以である。持ち帰って軒先に飾れば、厄除けにもなる。求めれば山鉾に乗せてくれるところもある上に、夏の京土産に最適。

暁天講座と朝粥、精進料理

暑さがピークとなる、七月の終わり頃から、八月の始め、盆入り前まで、京都市内のあちこちの寺では暁天講座（ぎょうてんこうざ）が開かれる。

暁天、読んで字のごとく、明け方の夏空を見上げながら家を出て、寺の山門を潜る。最近ではエアコンの効いた部屋で、ということもあるが、多くは戸を開け放した本堂に集い、住職の法話を聴く。

緑陰講座（りょくいんこうざ）、晨朝講座（じんじょうこうざ）などと呼び名が異なることもあるが、多くは暁天講座と名付けている。晨朝とは、卯の刻を

もっともよく知られるのは「知恩院」(地図A-a)。七月二十七日から三十一日までの五日間、法話に限らず、各界の著名人を招き、公開講座を開いている。
広々とした国宝「御影堂」の座敷に座り込んで、ほぼ一時間近く、ありがたい話を聴く。エアコンに慣れ切った身体、最初はじわりと汗を滲ませるが、しばらくすると境内から吹き渡ってくる風に「涼」を感じ始める。これもまた暁天講座ならではの余禄。
人間の感覚というのは不思議なもので、あっという間に慣らされてしまうが、意識を働かせれば、すぐに元の感覚を取り戻すこともできる。扇風機はもとより、エアコンの冷風はスイッチさえ入れれば自動的に吹いてくる。だが自然はそうはいかない。じっと待つことになる。しかし、待つことで、微かな風をも感じることができるようになる。そよ吹く風にさえも「涼」を感じ取り、ありがたみを覚える。これも恐らくはお堂の中にいるからだろうが、この皮膚感覚を取り戻すことだけでも、暁天講座に参加する価値は充分にある。
午前七時。講座が終わると、もうひとつの愉しみが待っている。それが朝粥。境内の「泰平亭」で芋粥が振る舞われるのだ。

いい、今の六時頃のこと。

第二章 夏のひなみ つきなみ

講座も朝粥も無料。なんとも有難いことではないか。こういうときこそ、志納金をふんぱつしたいもの。「泰平亭」には売店があり、恰好の土産は「知恩院七不思議」の最中菓子。一箱六個入りが九百八十円と値段も手頃だ。

五百円也の庭園拝観料を払って、広い境内を散策しながら、「知恩院七不思議」を巡るのも愉しい。朝から昼まで半日掛けて「知恩院」を堪能したなら、精進料理でランチタイムという手もある。

五日前までの予約が必要となるが、「知恩院」で精進料理を食べられることは存外知られていない。千五百円の手軽な「知恩弁当」から、四千円の立派な「葵御膳」まで、手の込んだ精進料理を味わえる。「葵御膳」を選んだとしても、暁天講座、朝粥、境内拝観、すべてを含んで、早朝から昼過ぎまで二食付いてゆったり過ごせる。老舗料亭の朝粥より安価で済む。どちらを選択するかで、京都習熟度が測れるというもの。

身も心も洗われる暁天講座。他に「金戒光明寺」、「相国寺」、「東福寺」など、いくつもの寺院で行われている。事前申し込みが必要な場合もあるので、日程も含め、必ず問い合わせを。

三 夏の名残り──葉月

「祇園祭」が終われば、京の夏は一層厳しさを増す。だが八月も七日辺りになれば、秋が立つ。「大暑」を過ぎ、葉月に入れば夏も名残りとなる。

京都の夏。それは、いかに暑さと向き合うか、それを日々繰り返す季節のこと。盆地ゆえの蒸し暑さを疎んじながらも、この都をこよなく愛する京都人は、さまざまに工夫を重ねることで、暑さを忘れ、凌いできたのである。

たとえば町家。間口が狭く、奥に長い家の構造は、風を呼び込み難い。しかしわずかに入ってきた風を生かし、涼を呼ぶ仕掛けを作ってきたのだ。それが通り庭や坪庭など、理に適った造作なのだが、それだけに留まらないのが京都人の智恵。風を見せるのである。

簾戸や簾、暖簾、さらには庭に植えられた棕櫚の葉、これらはすべて、微かな風をも逃すことなく、ゆらゆらと揺らめき、そこに風がそよ吹いていることを知らせる。揺らめきを見せることで涼を呼ぶ。これこそが都人の智恵であり、風情なのだ。

第二章　夏のひなみ　つきなみ

扇子、緑陰、あるいは水辺の床店、爽やかに酢を香らせる寿司。京都の夏に涼を呼ぶ仕掛けはいくらもあり、それらは都を歩けば、いとも容易く見つけられる。夏の京都旅、ほんまもんを見つける楽しみは尽きることがない。

早暁の京都

夏の京都。尋常ではない暑さに、観光どころではない、と避ける向きも少なくない。確かに昼の熱気、夜の蒸し暑さは、長年住んでいる身にも辛く、一向に馴れないのも事実である。唯一、夏の京都で「涼」を感じられるのが朝。陽が高くなるまでのわずかな時間は、いかに京都といえども、ほんのひとときも拍車を掛けた。京都人の朝は早い。

「京都御苑」、鴨川堤、夜が明けるか明けないかの早暁から、人影が慌しく動きはじめる。連れ立って散歩する老夫婦の足許では子犬がじゃれつき、その横を走り抜ける中年男性が、朝の挨拶を投げかける。きっと毎朝繰り返される光景なのだろう。日常の京都、普段着の京都がここにある。薄化粧の昼、厚化粧の夜、京都はその時間の移ろいに合わせ、衣装も替える。だがそれは、あくまでもよそいきの表情。幾許かの媚を含んでいる。

散歩道のみならず、パン屋、食堂、早朝の店先にも普段の京都が垣間見られる。いかにも通い慣れたふうに、いつもの商品を懸け橋にして客と店の間に、朝の挨拶が交わされる。

「今日も暑うなりそうですなぁ。よろしゅうに」
「おおきに。いつもありがとさんどす」

つかず離れず、絶妙の距離感を保ちつつ交わす朝の挨拶に、涼やかな京都人気質が表れる。昼でもなく、夜でもない、朝にこそ、京都の夏の涼がある。それもしかし、名残りだからこそでもあるのだが。

葉月の花といえば、誰がなんといっても百日紅(さるすべり)に決まっている。「京都御苑」や「金閣寺」など、洛中のどこにでも咲く花だが、僕のとっておきは**相国寺**(地図D)の塔頭(たっちゅう)「長得院」境内のそれである。

夏の鴨川

第二章　夏のひなみ　つきなみ

広い境内にいくつもの塔頭が点在する「相国寺」。京都五山の第二位として知られる寺だが、その中の「長得院」は観光客とは無縁の塔頭。門扉には錠前が掛かり、来るものを拒む空気が満ちている。マナーを守り、心静かに錠前を外して境内に入ると、そこには見事な百日紅が紅い花を咲かせている。

なぜこの塔頭かといえば、実はうちの墓所だからである。祖父母、そして父が眠る寺には、当然ながら旧盆には墓参りを欠かさないのだが、その折、いつも見とれるのがこの百日紅。あまりに見事なので、今回ご紹介する次第。白樺派に傾倒していた祖父が建てた墓石には、「天に星　地に花　人に愛」という、武者小路実篤のことばが刻まれている。

百日紅をサルスベリと読むのは、その幹、枝がつるりとして滑りやすいからである。すべすべした幹に紅をさした色合いの花を咲かせる様はなんとも艶っぽい。夏燃え盛る花である。

下鴨「糺の森」の「納涼古本まつり」

旧盆近く、そろそろご先祖さまを迎えようかという頃、「下鴨神社」に続く「糺（ただす）の森」

（地図D）では、「納涼古本まつり」が開かれる。

京の街中を流れるふたつの大きな川、賀茂川と高野川。これが合わさって鴨川となるのだが、その合流点の三角州に広がるのが、ここ糺の森。太古の姿を今に残し、真夏でも冷んやりとした涼風が吹き渡る原生林には、朝夕、都人が涼を求めて集う。この森はまた、「葵祭」で知られる「下鴨神社」の参道も兼ねている、いわばサンクチュアリ。厳かな冷気が漂う。

この森に、京都、大阪を中心に数十軒の古書店がテントを並べ、古文書からコミックに至るまで、さまざまなジャンルの古書を商う。老若男女が朝早くから集まり、それぞれが好みの本を物色する。

ここでの僕のお奨めは京都関連の書物である。

現代の京都の書店。たいてい店頭の一番目立つところに、京都本コーナーがあり、そこには多くのガイドブックが並べられている。判型もミニサイズの文庫タイプから大判の写真集まで、ジャンルは神社仏閣から食ガイドまで、ありとあらゆる内容のガイド本

「糺の森」

92

第二章 夏のひなみ つきなみ

が、次から次へと出版されていることを教えてくれる。

だがその多くは、他誌の請け売りであったり、後追いであったりと、似たりよったりに見える。店の広告かと見まがうようなグルメガイドも少なくなく、信頼性にも欠ける。

そういう本を見慣れた目には、ひと昔前の京都本は実に新鮮に映る。岡部伊都子、國分綾子、大村しげ。それぞれが書く京都のくらし、味の、何と趣き深いことか。随筆家ということばに恥じず、味わい深い文章の中に、必ずといっていいほどに批判、批評があり、店の広報係のような今どきのライターとは雲泥の差がある。いったいつから、京都本は絶賛調のものばかりになったのだろうか。

今と同じく、当時も女性の書き手が多かったようだが、根本姿勢がまるで違う。しっかりとした意見を持ち、ものごとの善し悪しを見分ける力を備えている。店に媚びることなどあるはずもなく、ぴんと背筋の伸びる文章を書く。お三方が今の京都の料理屋を訪ねられたなら、どんな感想を持ち、どう表現されるだろう。少なからず、憂い、嘆きのことばが聴けるに違いない。平成の岡部伊都子が待たれるところ。

何十年も前の本であるのに、生き生きとした描写は古びることなく、ゆえに価格も出版時より高価なものもある。だが、それだけの価値は十二分にあるので、ぜひとも買い

求め、ご一読願いたい。今の浅薄なガイド本がいかにつまらないかを教えてくれ、本当の京都を見せてくれる。京都を違う目で見るための昔の京都本を探すには、この古本まつりが恰好。

「宮脇賣扇庵」の夏扇子

祇園、先斗町、花街にある料理店、とりわけ板前割烹などの客席には、舞妓や芸妓の名入りうちわが飾られ、京の夏を彩る。一方で、夏の挨拶回りに欠かせないのが扇子。無論、茶席や訪問、年中扇子は活躍するが、やはり夏の扇子は本来の姿を取り戻し、京都の夏に涼を呼ぶ。開いて扇げば夏の絵柄が何とも涼しげだが、閉じて膝頭に置かれれば凛（りん）とした涼風が吹く。

扇子には男持ちと女持ちがある。微妙に寸法が異なるのだが、カップルなら図柄を合わせて揃いで持つのも愉しい。エアコンの風を待つのではなく、扇を扇いで風を呼び込む。なんとも雅な風情ではないか。たとえ頬に呼んだ風が生温（なまぬ）くとも、早晩それが涼風に変わる。そんな想いを込めて、**「宮脇賣扇庵」**（地図B⑰）の秋草模様などはいかがだ

「宮脇賣扇庵」

第二章　夏のひなみ　つきなみ

ろうか。

[五山の送り火]

あまりにもこの行事が知られ過ぎて、単なるイヴェントとして捉えられているのが残念だ。特に、箱根山で似たような行事が行われているからなお一層。以前に比べればいぶん少なくなったとはいえ、いまだに「大文字焼き」と書くマスメディアがある。ことあるごとに言っているのだが、八月十六日の夜に、京都の街で揺れる炎はあくまで宗教行事。旧盆に帰ってこられたご先祖さまを、お送りするために灯す火なのである。

本来は、各家々で門口や川辺に火を焚き、その灯りで先祖を送ったのだが、都人は想いを共有しようとしたのか、京都盆地を囲む山々に送り火を焚き、帰るべき道筋を示した。

夜八時ちょうど。最初に灯るのが東山如意ヶ嶽。賀茂川越しの眺めがもっとも美しい。ベストビューポイントは賀茂街道の堤。この夜は歩行者天国になる。中でも〈大〉の字のプロポーションが美しいのは「出雲路橋」から今出川通辺りまでがいい。北山通から今出川
「賀茂大橋」までだろうか。当然ながら「京都御苑」からの眺めも美しい。「石薬師御

門(もん)」辺りがいい（いずれも地図D）。

五山とはいうものの、〈鳥居形〉は洛西の小さな山に灯るから洛中からはほとんど望めない。四つを見られれば良しとする。

樹木の茂り具合で年によって異なるが、「出雲路橋」の西畔からなら〈妙〉〈法〉が望める。〈船形〉はさらに北、「上賀茂橋」まで行けば見ることができ、最後に灯る〈左大文字〉は斜めに見えるのを可とすれば北大路通からでも、その姿を拝むことができる。

少なからぬ出費を覚悟するなら、市内各所のホテル屋上で催されるイヴェントが確実。十階も上がればたいていの送り火は眺められる。

高層ビルの少ない京都では、〈左大文字〉を最後にして、すべての火が消えるのは八時四十分頃だろうか。無事、先祖をお送りして、京の街は秋支度を始める。

「出雲路橋」から望む大文字山

第三章

夏の京都のうまいもの

京都最新食事情

京都の食。いささか食傷気味という向きも多いのではないだろうか。雑誌、テレビを筆頭に、マスメディアは相変わらずの京都詣で。もう紹介する店はないのでは、と思うほどに、京都の料理店はグラビアに、電波にと露出を続けている。

そんな最近の傾向として〈穴場探し〉がある。いわく「地元の京都人しか知らない店」と題して紹介する。多くその紹介者は地元誌の編集者であったり、著名人、タクシーの運転手だったりするのだが、これがどうも見ていて危なっかしい。そんな店を観光客に奨めていいのだろうか、と。

あるテレビ番組で、タクシー運転手が穴場店として「おばんざいバイキング」なる面妖(めん よう)な店を紹介していた。しかも地元京都人にも人気だと付言していたのには、あきれてしまい、開いた口がふさがらなかった。

繰り返し述べてきたが、「おばんざい」というものを、真の京都人は決して店で食べない。「おばんざい」というのは京都人が家庭で食べる質素な食。そんなものにお金を出してまで、店で食べるなどあり得ないこと。ましてや「バイキング」……。まともな京都人ならこんな店に足を踏み入れないのに、まるで地元のお墨付きのように紹介する

第三章　夏の京都のうまいもの

というのはいかがなものか。

人それぞれだから、好んで訪ねるのは勝手だが、虚飾を付けて紹介されては困る。京都のイメージを勝手に作り、それに合わせるかのように、宣伝上手な店は媚を売って過分な利益を得る。そんな今の流れに真っ当な都人は眉をひそめている。

この「おばんざいバイキング」なる店、入店してきた客に向かって誰彼かまわず「お帰りなさい」と言うのだそうで、それをまた「京都らしい気遣い」だと勘違いして紹介する。何ともバカげた話。

初めて訪れた客に向かって、京都の店が「お帰りなさい」などと言うわけないではないか。いかにも優しく接しているような、そんなあざとい台詞を京都人は吐かない。この店の「お里が知れる」というものだ。

いかに食べ放題とはいえ、二千円も出すのなら他にいくらも店はあるだろうに。おそらくこの店、タクシーの運転手に優しいのだろう。と、案の定この店は学生、修学旅行生は半額にするとHPにあり、引率してきたタクシー運転手にも同様の計らいをするのだそうだ。さもありなん、からくりを知ってしまえば単純な話。

昔から「旨い穴場店はタクシー運転手に聞け」という定説があり、時にそれは正しい

のだが、世知辛い世の中になってから、この法則を信じ込むのは極めて危険。案内すれば「オイシイ」ことにありつけるからと、自分の利を優先して、紹介するドライバーもいるからだ。眉に唾をしっかり付けながら聞くに限る。

同じ番組で、地元誌のライターが、龍馬ゆかりの鶏鍋の店を紹介していたが、これもまた危うい話。件(くだん)の店、たしかに立派な建屋であり、歴史を感じさせるのは間違いないのだが、はたして龍馬が食したかどうかは定かでない。それをさも通い詰めたかのように断言するのは頂けない。代替わりする前に比べて、最近はちっとも鶏に旨みを感じしないのも、たかが鶏鍋に一万二千円を超える料金であることも、僕がお奨めできない理由だ。

「西陣 鳥岩楼」

京都ならではの美味を探す

白濁したスープの味わいなら、親子丼で知られる**「西陣 鳥岩楼」**（地図E㉟）で半額の六千円と少し出せば、「水だきコース」を満喫できるし、龍馬ゆかりというなら、先

第三章　夏の京都のうまいもの

述した縄手通の「鳥新」(地図B⑥)を訪ねるべきだろう。なぜならこの「鳥新」は、移転前のことながら『竜馬がゆく』にも登場し、龍馬がこの店で鶏を味わっただろうことは史実としての確率が高いからである。にもかかわらず、この店のHPでは、それを声高に喧伝するわけでもなく、淡々と事実だけを紹介している。

「鳥新」の水だきもまた七千円と少し。先のテレビで紹介していた店がいかに図抜けて高価であるかが、お分かり頂けるだろう。無論それを承知で訪ねる向きがあっても一向に問題はないのだが。龍馬＝鶏鍋＝この店。きちんとリサーチせずに、他社、他誌の請け売り(パクリ)という安易なマスメディアが編み出した図式に惑わされぬよう、くれぐれもご用心。

京都の店には、何より〈奥ゆかしさ〉が欠かせない。最近の「言うたもん勝ち」の世相、大阪なら通用しても、京都には似つかわしくない。「京料理」、「京野菜」、「おばんざい」、声高に喧伝する店には要注意と繰り返し書いてきたが、その傾向はますます強まっている。

「鳥新」

近頃のブームなど何処吹く風。長い歴史の一こまをただただ綴っていく。そういう店にこそ、京都ならではの美味が潜んでいるのだ。

「決して特別なことなんかしてまへん。先代から教わったことを忠実に守ってるだけですし、自慢できるような料理作ってるわけやおへん。昔からのお客さんに叱られんように毎日気張ってます。雑誌やらで紹介してもらえるような立派な店やないんですわ。堪忍しとぅくれやっしゃ」

　大正期創業のとある老舗、当代主人のことばだ。一度もマスメディアで紹介されたことのないこの店は、変わらぬ美味を作り続けている。本当の〈穴場〉とはこういう店を指すのだが、頑なな<ruby>までに<rt>かたく</rt></ruby>取材を辞退する姿勢に敬意を表して、騒ぎの渦に巻き込まれないよう、そっとしておくのが、京都人の務めでもある。

第三章　夏の京都のうまいもの

一　夏の京都の二大美味——鮎と鱧

　四季を問わず、京都の街にうまいものは溢れている。旬を大切にする都人はしかし、潔く季節ごとに美味を食べ分ける。春には春の、夏には夏の美味があり、季節を外さない。

　夏といえば鮎と鱧。夏の京都の二大美味は、京都が海から遠い山国だからこそそのもの。鮎は言うまでもなく川魚である。山里を流れる身近な川で獲れるせいか、どうしても日本人は海の幸に比べて軽く見がちだ。瀬戸内の鯛と長良川の鮎。どちらも旨く、どちらを珍重するか悩ましい問題だが、いつ食べるかが大事な要素。旬を外す、それも遅いのは問題外だが、早過ぎても嘲笑を受ける。

季重なり

　季節の食材には三つの食べ頃がある。〈走り〉、〈旬〉、そして〈名残り〉。〈旬〉は盛りの時期だから、誰にでも分かりやすく、与しやすい。難しいのは〈走り〉と〈名残り〉。

下手をすれば季節外れと取られるからである。が、ここでもまた京都という土地の個性が際立つ。

初ガツオに代表されるように、江戸っ子は〈走り〉を珍重する。人に先んじることを〈粋〉と捉えるからだろう。では京都で〈走り〉はどう取られるか。

たとえば鮎。鮎には天然ものと養殖ものがあり、近年はその間ともいえる半天然ものが人気を呼んでいる。通称「半天」。過ぎたる天然信仰は天井知らずの高騰を呼ぶことから生まれたものだが、よほどの食通でない限り、天然ものとの見分けは難しい。

天然ものの川魚は乱獲を防ぐ意味で、解禁時期が定められている。各地の川ごとに解禁日が決められ、たとえば京都の鮎を代表する上桂川や美山川、保津川などは、六月に入ってからである。もっとも早いだろう岐阜、長良川下流でも五月の十日過ぎ辺りか。

——桜が咲くか咲かないか、という時期に、京都を代表する料亭Hを訪ねた。リニューアル直後ということもあって満席の盛況。この席で稚鮎の塩焼きが出された。それもちょうど旬を迎えていた筍の皮の上に載せられて。

席を共にしていた相客の反応が興味深かった。東京からの客は驚きとともに喜びの声

を上げ、嬉々として齧(かじ)りついたが、招いた側の京都人は複雑な表情で、仕方なくといったふうに箸を伸ばした後、僕に目で合図した。どう思う？　と訊いているのだ。東京から招いた客人が喜んでいるのだから、とやかく言って場の空気を悪くすることもないので、その場はさらりと流した──。

俳句、連句の世界ではこれを〈季重なり〉という。明らかにどちらか一方が主たる場合を除いて、ひとつの句の中でふたつの季語が重なるのを嫌うのが常である。たしかに稚鮎は春の釣果(ちょうか)だが、鮎の塩焼きというものは夏の食べ物だ。酢炊きにしたり、天麩羅にして、稚鮎で鮎の〈走り〉を愉しむのなら理に適っているのだが。

〈走り〉より〈名残り〉

江戸っ子が先を競ってシンコの握りを求めるのに倣ったのかどうか。少なくとも都人はこれをよしとしない。わずかな〈走り〉なら微笑んでも、フライングとも取れるような明らかなそれを好まない。その手のものを作る者を「あざとい」と思い、それを喜ぶ客を〈いちびり〉と呼ぶ。

都で好まれるのは〈走り〉より〈名残り〉である。同じ鮎でも、夏の盛りを過ぎ、秋口に子を孕んだ落ち鮎こそを、都人は好む。鮎は年魚と呼ばれる。河口で卵から孵り、川を遡り、小鮎から成魚となり、上流で遊ぶ。そこを釣られるわけだが、運よくそれを逃れた鮎の雌は卵をお腹に抱いて川を下って行く。わずか一年。その命を終えようとするのが落ち鮎である。ぷっくらと膨らんだ腹は、炭で焼かれてはち切れる。そのぷちぷちとした歯応えに、都人は〈もののあはれ〉を感じ取る。あるいはどこか、ものを最後まで使い切る〈始末〉にも通じるのかもしれない。

「今年も鮎は終わりやなぁ。長いこと愉しませてもろた」

大店の旦那が小さく合掌して、箸を取る。

「この音、聴いてもらうのも、もう最後ですやろな」

鮎を出し終えた板前が、包丁を替え、小刻みに動かして、鱧切りの音を響かせる。

「名残りの鱧か。よう肥えとるな。旨そうや」

旦那が身を乗り出して、真っ白い鱧の身に目を細めた。

第三章　夏の京都のうまいもの

そんな会話が割烹店のカウンターを挟んで交わされるのは、夏の名残り、秋の足音が聞こえて来る頃。

鮎は初夏から秋口、鱧は梅雨明けから祇園祭を盛りとして、虫の集きが草叢から聞こえ、山里からキノコの便りが届き始める頃までの味わい。

小さな割烹でのやり取り。そこで交わされるのは食べ物に対する敬意であり、ものを惜しむ気持ちは、料理する側も、食べる客も同じ。それが〈名残り〉の醍醐味であることを都人は知っている。

古くは平家の落人。建礼門院徳子も、そのひとり。

壇ノ浦の悲劇から後、徳子は東山「長楽寺」に身を寄せ、出家する。しかししばらくして都を大震災が襲い、寺も大きな被害を受ける。やむなく徳子は都を離れ、洛北大原へ蟄居する。「寂光院」に入った徳子は、宮中とは比ぶべくもないほどに、慎ましやかな山里の暮らしを余儀なくされる。かつての栄華は見る影もなく、寂しい日々を送る徳子を憐れに思った里人は、何くれとなく面倒を見る。その折に差し入れられた漬物に徳子は目を見張った。

それは大原特産の赤紫蘇(あかじそ)を使って染めた漬物であった。紫は栄華の徴(しるし)。かつての誇りを思い起こさせようという里人たちの優しさから生まれたものだった。痛く感動した徳子はそれを「紫葉漬け」と名付け、後にそれが「しば漬け」に転じ、今も大原の特産として、広く知られている。

都人の心を動かすのは今も昔も〈もののあはれ〉。今を盛りと咲き誇る花より、散り行く花びらに思いを寄せる。それは「食」とても同じこと。〈走り〉より〈名残り〉を重んじる所以である。

塩焼き鮎の旨さ

前置きが長くなった。夏に目指す美味の第一は鮎である。そして鮎は塩焼きにとどめを刺す。稚鮎のように小さいうちは、天麩羅やフライも旨いが、成魚になれば塩焼きを超える食べ方はない。背ごしだの何だのといったって、ひと口ふた口食べれば充分だ。一匹二匹で足りるわけがない。とはいっても、布おしぼりほどもある、大きな鮎なら一匹で事足りるのだが。

鮎の塩焼きを食べようとして、きまって話題になるのが背骨の処理。

108

第三章　夏の京都のうまいもの

　焼き立てに限ってのことだが、鮎の塩焼きが出されたなら、寝かせた鮎の首の後ろと尻尾（しっぽ）を折り、身を立てて二本の箸を寝かせ、鮎の背を頭のほうから尾に向けて順ぐりに押さえる。そして首をひねって頭を引き抜けばあら不思議。背骨がするすると外れる。
　と、これはしかし、五寸を超えようかという大きさの鮎のこと。三、四寸のものなら頭からがぶりと齧（かじ）り付くに限る。そのためには、焦げ過ぎかと思うくらいにしっかり焼いて、背骨まで柔らかくなっていなければならない。
　誰が始めたのか、鮎に化粧塩をして焼く店が少なくない。頭、背びれ、腹びれ、尾っぽにたっぷりと塩を塗（まぶ）して焼く。焦がさずに身を美しく焼き上げるという目的のようだが、余計なお世話だ。焼きが浅いから骨が硬くて丸齧りができない。
　軽く立て塩をして、頭から尾っぽまでじっくりと焼く。当然ながら頭も尾っぽも焦げそれでいいのだ。叶うなら炭火がいい。遠赤外線が骨を柔らかくし、丸齧りしても、何も障らない。この焼き立てに次から次に齧り付く。五匹くらいはあっという間だ。これが鮎の塩焼きというものである。生焼けの川魚ほど興を削（そ）ぐものはない。見た目は悪くとも、しっかりと火が通ってこその川魚だ。
　六月を過ぎ、夏場に京都の料理屋を訪ねると、たいていはこの鮎の塩焼きが出される

はず。そしてこの料理を見れば、店のレベルを測ることができる。近頃喧(かまびす)しい星の数で表してみる。

☆☆☆　三寸ほどの天然鮎をこんがり焼き立てで数匹
☆☆　「半天」の小振りの鮎をこんがり焼き立てで三匹ほど
☆　養殖鮎だが小振りのものを焼き立てで二匹
☆無し　小振りの養殖鮎だが焼きが浅く、頭からは無理
×　大振りの養殖鮎に化粧塩をたっぷり付けて浅く焼く

ざっとこんな感じだろうか。
お遊びで☆を付けてみたが、さて、二〇〇九年秋から刊行されたミシュランガイド。物珍しさも手伝って、発表直後はマスメディアをはじめ、料理屋、飲み屋での恰好の話題になったが、年が明けてからは口の端にも上らなくなった。さもありなんである。
京都・大阪版とはいうものの、主体は間違いなく京都。初版に掲載された三つ星店七

第三章　夏の京都のうまいもの

店のうち六店までもがすべてが和食の店。京都ファンにターゲットを絞ったのは明らかだ。

調査員がフランス人なのか日本人なのか、それすらも詳らかでなく、誰が断じたのか分からないのに、三つ星を取ったことが勲章のように報道され、当の料理人までが右往左往している姿は滑稽以外の何ものでもなかった。

本来京都人は、〈権威〉を振りかざす輩には靡かないはずだ。〈矜持〉より〈商い〉を優先させたのだろうが、いつかきっと、痛いしっぺ返しを食うことだろう。

発表前の辞退騒ぎも、いつの間にか沈黙に変わり、発表当日は満面の笑みでフラッシュを浴びる。三つ星を授与された中に、骨のある料理人や主人がひとりもいなかったのは寂しい限り。誰ひとり和服姿で式に臨まなかったのも不思議だ。三つ星をもらったなら、必ずあの白いコック服を着用して記念撮影しなければいけなかったからだろうか。

世界に誇る日本料理というなら、栄えある式典には和服で臨むのが筋というものだろう。それともこれからは、コック服で板場に立つとでもいうのだろうか。京都人の心意気を示す絶好の機会だっただけに、残念至極だった。

京と鱧

夏に目指すべき美味の第二は鱧。京都の夏は鱧を抜きにして語れない。「祇園祭」には欠かせない鱧を少しばかり説いておこう。

なぜ海から遠い京都で鱧かといえば、それは鱧が強い生命力を備えているから。瀬戸内で獲れた鱧は、山陽の陸路、大阪湾から淀川を経て水路で、京の都に運ばれた。並みの魚ならとうに息絶えてしまう距離であっても、生命力の強い鱧は生きて都まで届いた。ゆえに京の都では鱧が名物となった。大方の説明はここまでだが、では、なぜ鱧はそんなに生命力が強いのか。ほとんどはそこまで言及しない。

生まれもって疑り深い性格の僕は、これに疑問を持った。なぜ鱧だけが、というのが引っ掛かった。鯛とどう違うのか、似た形状の穴子はどうなのか。

行き着いたのは呼吸法だった。ほとんどの魚が鰓呼吸だけなのに対し、鱧はなぜか皮膚呼吸もするのだと知った。鱗の代わりともいえる「ぬめり」がその秘密兵器だそうだ。今なら水槽に入れたまま運べるが、当時はそれもままならず、そういう訳だったのかと納得した。水から揚がった魚を運ぶうち、さほど時間を経ずに息絶え、腐敗が始まったのだろう。そこへいくと鱧は、水なくしても四十八時間程度は生きているの

だという。

ならば、他の土地でも重宝されたかといえば、ここにひとつ問題があり、それは小骨の多さ。普通に調理したのでは骨が残り、食べづらいことこの上ない。多くが敬遠した中で、熟練の腕を持つ京都の料理人は、骨切りという術を見出し、さまざまな料理を生み出したのである。鱧なら京都、そう称される所以。落とし、椀もの、焼き、そして鱧しゃぶ。多彩な技で調理され、鱧は都人の舌を喜ばせ、祇園囃子を胸に響かせる。

「俵屋」の鮎

旅館・料亭で味わう鮎

話を戻して鮎。三つ星は次章で紹介するとして、洛中の☆☆には意外な店で出会った。

何度書いたことだろうか。京都一、いや日本一の名旅館「俵屋」（地図B⑭）で、この☆☆鮎に出会ったときのことは忘れられない。旅館料理ゆえ、そこまでのものは期待していなかっただけに、この鮎の旨さには舌を巻いた。頭から齧り付いてもまったく骨が障らない小振りの鮎を、こん

がり、しっかりと焼く。夕餉の料理のひと皿だから、鮎だけを堪能というわけにはいかないが、洛中で食べられる鮎の中では出色である。

「俵屋」と同じく星を獲得した**要庵西富家**（地図B⑱）も、旨い鮎を出す。笹の葉を枕にして、薄っすらと煙を上げて、焼き立ての鮎が座敷に運ばれてくる。ここもまた、小振りの鮎をしっかりと焼く。宿の主人のお奨めにしたがって、黒ビールを相の手にがぶりとやると、至福のひととき。夏ならではの味わいだ。

「要庵西富家」

旅館には泊まらずとも、部屋が空いていれば夕食だけでも請けてくれる。トップシーズン以外なら案外空きがある。まずは電話で問い合わせ。無論泊まって食べられればそれに越したことはない。

割烹全盛の京都。料亭は重鎮ばかりが目立ち、軽やかな空気が弾む若い料亭が中々出現しない。なぜかと考え始めて答えはすぐに見つかった。料亭は京都文化の結集、おいそれとは作れるものではないからである。

第三章　夏の京都のうまいもの

涼風を袂に呼び込みながら、鮎の塩焼きに舌鼓を打つのは、夏ならではの醍醐味なのだが、それを愉しめる店は限られている。

第一に足を運ぶべき料亭は「建仁寺 祇園丸山」(地図B⑪)。

この店の本店に当たる「祇園丸山」の出現は、京都の料亭文化に新風を吹き込んだ。数多の料亭で料理長として腕を振るってきた主人が、満を持して独立した店は、細部まで神経の行き届いた料亭として、一躍名を馳せた。

単なるパフォーマンスではなく、あくまで数寄者のための趣向であるところが心地いい。木桶にガラスを嵌めこんだ、レトロな金魚鉢のような器に泳ぐ鮎を焼かせた後、縁側に設えた炭火の炉で鮎を焼く。これぞ夏の贅沢。床に掛かる軸、掛け花入れに投げ入れた矢車菊。茶の心得を熟知しながらもそれを大仰に謳うことはしない。だが、その設えを見れば分かる。ここまで普請に心を配る店は、古都京都といえども五指は超えない。大した修業もせずに、運よくパトロンを見つけて独立を果たした割烹もどきでは、決して味わえ

「建仁寺 祇園丸山」

ないひとときだ。

少しく趣向を変えるなら、奥嵯峨野鳥居本に暖簾を掲げる「平野屋」（地図J㊺）がいい。浮世離れした地に苔むした館を備え、時が止まったかのような空気を湛えている。この店の話を始めると長くなる。京都の台所を守る愛宕山から始まり、素朴な茶店菓子「志んこ」の話まで、いくらも逸話は尽きない。京都で本物の鮎を食べるなら、この店を訪ねるに限るとだけ記しておこう。

「音戸山山荘　畑善」

洛外にある店は鮎だけを得意とすることが多いのだが、洛中の店では鮎が旨ければ鱧も旨い。それが通例である。

座敷で食べる鮎や鱧。旨いものを食べるのだが、それだけに執着しない。あくまで主役は「座」にある。「二座建立」ということばがある。そんな空気。鮎も旨い。鱧も旨い。だが一番美味しいのはこの「座」の空気。それを味わうなら**「音戸山山荘　畑善」**（地図A②）に限る。

第三章　夏の京都のうまいもの

くどいようだが、今どきの料理人は店を開くのが早過ぎる。短い修業期間で独立してしまうのはまことにもって惜しい。もう少し修業を積めば多く身に着いたものを、早くに独り立ちしたばかりに、そこから先の成長がない。

修業先の繁盛ぶりを見るにつけ、五年と我慢ができずに独立する。

新規オープンの店は、ブロガーをはじめ、フードライターたちの恰好の食いぶちだから、手放しで称賛される。その記事を読んだ純心な読者はこぞって足を運び絶賛する。

当然ながら件の店は繁盛し、あっという間に名店の仲間入りを果たす。もうこの十年近く繰り返されてきた愚行だ。

「新しい京都の店を知りたい」という需要がある限り、果てしなく続くのだろうが、その結果、京都の割烹店のレベルが下がっていくのを黙って見過ごすわけにはいかない。

それにはしかし、地道ながら朴訥に料理を作り続ける料理人の店を知らしめるしかない。

その代表ともいえるのが、この「音戸山山荘　畑善」なのである。

芸妓舞妓が行き交う路地にあるわけでもなく、神社仏閣の傍でもない。京都でも有数の高級住宅街の最奥にある、そんな立地だが、ここで供される料理は至極真っ当な「京料理」である。器、もてなし、設え、何よりその味わい。こんな場所に本物が潜んでい

るのが京都という街の奥深さなのだが、そんなことは新しきばかりを追い求めるライターたちには知る術もないのだろう。ただただ京都らしい界隈の新しい店だけを追い掛け、にわか仕立ての未熟な料理を絶賛し、広報役に徹する。店と書き手の利害が一致して、この流れは当分止まりそうにない。嘆かわしいことだ。

カウンターで鮎、鱧を愉しむ

京都で日本料理を食べようとして、選ぶべきは「料亭」か「割烹」。前者は空間をも一緒に愉しむものであり、後者は好き勝手、気ままに旨いものを食べる場所であったはずなのである。その図式が日々崩れて行くのが哀しい。

見た目にはカウンター割烹でありながら、料理はおろか、食べるタイミングすら選べない。客が店にすべてを委ねるのが今どきの京都の割烹。カウンターに集う客が同じ料理を、一斉にスタートして食べる。ふと気付けば異様な光景なのだが、予約の取れない人気店ゆえ、誰も異議を唱えるはずもなく、さも当然のようにして食事が進んでいく。

料亭の座敷なら、これで正しい。客が余計な気を遣わずとも、料亭が料亭のペースで事を運んでくれるから楽だ。そもそもが、何を食べるか、よりも、どう時間を過ごすかが

第三章　夏の京都のうまいもの

命題だったのだから。

しかし、カウンター文化といっていいだろうそれは、料亭とは違い、また日本独自のものである。海外にもこれと似た止まり木はあるが、そこは酒を飲む場に限られるのであって、料理人と客が、板一枚を挟んで対峙し、やり取りをするのは、日本だけのことといっていい。その代表ともいえるのが板前割烹。歴史を遡るなら、今の祇園「浜作本店」(地図B⑤) を嚆矢とするもの。その日に用意された食材を睨みながら、料理人と客がことばと心を通わせつつ料理を組み立てていく。それこそが京割烹の醍醐味なのだ。

川端康成をはじめ、白洲次郎、河井寬次郎など、文人や芸術家はこぞってこの店に足を運び、あるときは料理に目を細め、時には主人を困らせる注文を出し、結果、客も主人も成長を遂げていったのである。文人墨客は多く、旨いものに出会ったことを文章に残すが、その記述には店の主人と客とのやり取りがいきいきと描かれていて、豊かな含蓄を包み込んでいる。味わいを書くには、味わいをもたねばならない。自省を込めて肝に銘じておきたい。

【割烹はらだ】

座敷でゆったりもいいが、焼き立て熱々を頬張るにはカウンター席が一番。

「春生じ、夏長じ、秋衰え、冬死す。ゆえに年魚と名づく」と『和名抄』にあるように、年魚、鮎の一生は一年限り。

夏、燃え盛る太陽に合わせるかのごとく、今を盛りと命をきらきらと輝かせ、清流を堂々と泳ぐ鮎。人はそれを競って獲り、食べる。命を絶たれた悔しさからか、金串に躍り、身をよじり、かっと目を見開く鮎。岩にこびりついた苔を食むうち、鋭さを湛えたその顔つきにたじろぎながらも口に運ぶと、青い香りと苦みが官能を射抜く。

つい今しがたまで、ビニール袋の中で勢いよく泳ぎ回っていた鮎が、その生命を絶たれ、横たわっている。

自らの命を長らえるために、他の命をいただくからには、微塵も無駄は許されない。頭からかぶりつき、鰭、尾っぽまで、骨もすべてを食べ尽くす。

「割烹はらだ」

第三章　夏の京都のうまいもの

主人夫婦は揃って釣り好き。定休日には解禁なった川に入り込んで、釣果を競う。その成果がカウンターの向こうで焼かれる。贅沢の極みだろう。

河原町竹屋町に暖簾を上げて数年。**「割烹はらだ」**（地図B⑬）はじわじわと地元客の人気を集め、東京にまで評判が届き始めた。「おまかせコース」は五千円からあり、豊富な一品料理も相まって、本格割烹ながらも気軽な空気が嬉しい。自ら釣り上げた天然鮎はもちろん、厳選した素材を素直に料理する。今一番のお奨め割烹である。

「点邑」の鮎

「点邑」

ここはジャンルで分けると「天麩羅」の店である。あるいは、繰り返し書いているように、「俵屋」旅館の別棟レストラン。だが、ここはその範疇を超えて、京都でも有数の美食処。季節が変わるたびに訪れたい店だ。世界に冠たる日本旅館「俵屋」の厨房に長らく立ってきた板前が作るのだから、その料理はお墨付き。

当然のように夏は鮎、鱧を得意とする。鮨屋が鮨の前に、

あれこれとツマミを出すのと同じく、「点邑」(地図B⑯)では、天麩羅の前に、何品かの料理が供されるのだが、これが白眉といってもいい代物。料理そのものはもちろんのこと、器遣い、盛り付けに至るまで、さすが「俵屋」仕込みと思わせる逸品揃いなのである。

鮎の塩焼きといえば、太めの中指くらいの小さなものを、しっかりと焼き、鱧は温しゃぶと呼びたくなるような、ふわりと柔らかいそれに薄味の出汁を絡める。

無論、本業(?)の天麩羅も京都一の味わい。ただ新しいだけが取り柄の割烹に目を奪われることなく、かかる本物の店にこそ足を運びたい。

「草喰なかひがし」

カウンター席に腰掛けて、すぐ目の前の竈(かまど)で鮎が焼き上がるのをじっと見つめる。炭火で燻(いぶ)されたそれは、時折りもうもうと煙を上げて、そのたびに香ばしい匂いが辺り

「草喰なかひがし」

第三章　夏の京都のうまいもの

に漂う。

白衣を着てネクタイをきりりと締めた料理人は、長い箸でその焼き加減を確かめ、頃合いを見て、火からおろす。

固唾(かたず)を飲んで様子を見守っていた客の膳に、順々に供される鮎は、こんがりと焼き色が付き、当然のことのように、頭から尾っぽまですべて食べ尽くすことができる。

銀閣寺参道に暖簾を上げる**「草喰なかひがし」**(そうじき)(地図A④)のことは、僕もそうだが、あらゆるメディアでその魅力を語り尽くされており、それゆえかどうか、京都で一番予約の取りづらい店となっている。思いついてふらりと訪れることなど夢のまた夢。よって僕はこの店に言及することを遠ざけてきたのだが、カウンターで鮎、となれば、やはりここを外すわけにはいかない。

二　床店の愉しみ

鴨川の納涼床

夏の京都。もっともよく使われる絵柄は四条大橋から北を向く、鴨川の西岸。堤には

数メートル間隔で規則正しく並ぶカップル。肩を寄せ合い、川面を眺めるカップルの姿は京の夏の風物詩。京都に住むものなら一度は経験したはず。そしてその光景を見下ろしているのが、先斗町の店が鴨川に向かって張り出した川床席。

鴨川のそれは〈ゆか〉と読む。同じように見えて、洛北貴船の川床は〈とこ〉と読む。川面の上に置かれた席だからだろう。

かつては真夏だけのものだったのが、今は五月から九月まで床を出す。

気候が変わったせいもあるのだろうが、真夏の床店は決して涼しくはない。陽が落ちても気温は下がらず、夥しい数の室外機から吐き出される熱風が、鴨川にも容赦なく押し寄せる。正直なところ、よほどの雰囲気重視派でない限り、七、八月の床店は、酔狂な方以外にはお奨めできない。狙い目は五、六、九月だ。

気候と、そしてもうひとつ様変わりしたのが、床店の内容。長く、日本料理の独壇場

鴨川の納涼床

第三章　夏の京都のうまいもの

だったが、今では百花繚乱。和洋中、料理もさまざまなら、設えも洋風、和風、アジアンテイストが混在する。旦那衆が舞妓、芸妓を引き連れての夕涼みも今は昔。決して贅沢ではなくなった川床で涼を呼び込むのも夏ならではの京の愉しみ。お奨めの店を何軒か。

「ビストロ スミレ」の中華料理

四条大橋を南に下がる。最初に出会う小さな橋が「団栗橋」。かつてこの橋の畔に団栗の大木があったから付いた名だ。かつて京都の街の八割近くを焼きつくしたといわれる天明の大火は、この「団栗橋」辺りが火元だったことから、「団栗焼け」と呼ばれた。

そんな逸話が残る橋を横目にしてしばらく歩くと「ビストロ スミレ チャイニーズ」（地図B⑫）がある。

鴨川の床店で中華料理といえば、四条大橋畔の「東華菜館」（地図B⑳）が都人には馴染みが深い。ヴォーリズの名建築に張り出したテラスデッキで、鴨川の涼風を頬に受けながら鯉の丸揚げに舌鼓を打つのは、京都人の憧れ。

「ビストロ スミレ」は、そんなスタンダードから離れて、モダンチャイニーズ。大陸

より香港辺りの風が吹いている。

「開陽亭」の洋食弁当

京都は洋食の街でもある。フレンチ、イタリアンも悪くないが、足繁く通うとなると、やはり洋食、というのが京都の旦那衆。舞妓、芸妓引き連れての「ご飯食べ」も、今はうんと少なくなったようだが、それでも時折り見掛けるのが花街の洋食屋。

先斗町、宮川町、そして祇園。これらの花街とほぼ等距離にある**開陽亭**（かいようてい）（地図B㉓）は、舞妓、芸妓御用達の洋食店。名物料理はいくつもあるが、僕のお奨めは「洋食弁当」。

「開陽亭」

三段重のA洋食弁当なら、昼だけでなくディナータイムでも食べられる。名物の「フィレ照り焼き」をはじめ、海老フライ、ポークヒレカツ、ミートコロッケなど、お馴染みの洋食メニューが、ぎっしりと詰め込まれる。白いご飯、名物「メキシコサラダ」と並べば目移り必至。鴨川からそよ吹く風に頬を涼ませながら、スパークリングワインを

第三章　夏の京都のうまいもの

ぐびりと飲む。これぞ床店の醍醐味。

「侘家洛中亭」の串かつ

先斗町の中ほど、公園のすぐ南側に**「侘家洛中亭」**（地図B㉑）がある。花見小路「祇園甲部歌舞練場」近くに本店を持つ鶏料理店「侘家古暦堂」の新展開。ワインと串かつの店である。

その定義は曖昧だが、多く、「串かつ」といえば、大阪ミナミを発祥とする「ソース二度づけ禁止」タイプの店。一種類の特製ソースを客が共有して食べる。ネタはたいていストレート、肉なら肉、野菜なら野菜、と単一の食材にたっぷりコロモを付けて、大振りの串を揚げる。

一方、「串揚げ」となれば、数種類のソースを使い分け、食材を組み合わせ、凝った串に薄くコロモを付けて、小振りの串を揚げる。コース仕立てのそれは、お腹が膨れたところで客がストップを掛ける

「侘家洛中亭」

システム。僕の好みはこの串揚げ。この店も看板には「串かつ」とあるが、実態は「串揚げ」である。

活け海老、和牛ヒレなどのストレートな串から、生麩（なまふ）や蒟蒻（こんにゃく）などの組み合わせ、創作串が順に出される。手頃なワインやスパークリングも揃っていて、使い勝手のいい店だ。

「アトランティス」

「アトランティス」のカクテル

先の公園から南に下ってしばらく歩くと**「アトランティス」**（地図B㉒）というバーがある。納涼床のバー。最後の仕上げには恰好の店。

夜も更（ふ）けると、さすがに暑さもいち段落する。涼風に吹かれながらグラスを傾ける。

おひとりなら、鴨川を横目に見下ろすカウンター席がいい。ふたりなら小さな丸テーブルを囲む。女性ならオリジナルカクテル、男性ならシングルモルトといきたいところ。

床店の取り決めとして、十一時を過ぎることはないから、飲み過ぎる心配もない。ほどよきところで切り上げると、夜空に星が瞬き、京都の夜は、しんしんと更けていく。

貴船の川床については、第一章で触れた通り。流しそうめんくらいがちょうどいい。あと、京都には高尾の里でも床店が出る。ここは観光客に大きく門戸を開き、舞妓が接客したり、蛍狩りができたりと、雰囲気は盛り上がる。が、料理に本格は期待しないほうがいい。いずれ、納涼床で食べるというのは、味わいそのものより、雰囲気を愉しむこととと割り切りたい。

三 夏の美味しい朝ご飯、精進料理

京都の夏は朝が早い。夜が明けるとともに、年季の入った都人は玄関を出て、朝歩きに出掛ける。目的を持たない散歩あり、朝食を摂りに店に向かう者もあり、朝参りに寺や社へと出向く向きもある。真昼の暑さを避け、涼しいうちに用向きを済ませる。そんな京都人の暮らし振りに接して、美味しい朝ご飯を探すのも、夏にのみ与えられた愉しみ。夜明けとともに起き出して、寺参りもよし、鴨川を散策するもよし。美味しい朝が待っている。

宿屋の朝ご飯

長く続く不況のせいか、リーズナブルな夜行バスが人気だそうだ。腰痛持ちの僕には、いくら安価でも縁がないのだが、最近では女性専用やVIP仕様のデラックスバスがあったりと、「安かろう、狭かろう」一辺倒ではないようだ。夜明けの早い夏には恰好のアクセスかもしれない。

深夜東京を発って、京都に着くのは概ね七時前。こんな時間からチェックインできるホテルがあるはずもなく、かといって、着いていきなり街歩きというのも、長旅の後だけに辛いものがある。まずは腹ごしらえをとなって、さて京都らしい朝ご飯は、どこで食べられるだろう。

もっともよく知られるのは老舗料亭の「朝粥」だろうか。立派な座敷なら六千円、別棟のテーブル席でも五千円は超える。「京」の雰囲気にはいくらでも払う、という向きにはいいだろうが、朝食の価格としてはいかにも釣り合いが取れない。加えて時間は朝八時からと遅い。この「朝粥」は、前夜祇園でお茶屋遊び

「近又」

第三章　夏の京都のうまいもの

を愉しんだ、お大尽方のために設えられた席。夜行バスで京都へ来る旅人には無縁のものと心得る。

錦市場のほど近く、老舗旅館「近又」（地図B⑲）の朝ご飯が人気だ。

享和元年、近江出身の近江屋又八が開いた商人宿。国の登録有形文化財。そんな由緒ある建屋に設えられたモダンなレストランで「旅館の朝ご飯」が食べられる。

一夜干し、煮物、出汁巻き玉子、炊き立てご飯といった、お馴染みの「旅館の朝ご飯」は、京都らしい風情も漂い、錦市場散策を兼ねてというのも一興。

七時半から九時までの朝食はテーブル席の三千五百円から、座敷席五千円まで（いずれも税サ別）。予約は必須だ。

バイキングで味わう本格

ひと頃は図抜けて高価だったホテルの朝食も、ずいぶん値段がこなれてきた。和食堂の朝ご飯も概ね二千五百円前後といったところ。

雰囲気を考えれば高くはないのだが、もう少しリーズナブルに、京都らしい朝ご飯を食べられるホテルはないものかと、探していて出会ったのが、京都駅から歩いて五分と

掛からないレストラン「旅籠」。第五章で詳述する「ドーミーインプレミアム京都駅前」（地図G）に併設された食事処である。

なんだ、ビジネスホテルの朝食か。おざなりのそれには辟易しているんだ、という向きは多いだろうが、騙されたと思って、ぜひ一度訪ねてみてほしい。きっとそのレベルの高さに驚くことだろう。

新しいホテルができたと聞くと、必ず間を置かず泊まってみるのは、仕事半分、好奇心半分だ。慢性的な宿不足に悩まされている京都で、ホテルや旅館をお奨めするためには、まずは自ら泊まってみないといけない。それも試泊券などという特権を使うことなく、一般と同じく、あらゆる宿サイトを比較して、もっともリーズナブルなプランを予約する。そうして泊まってみたプランに付いた朝食だから、多くを期待せずに食べてみたのだが……。

まずはその雰囲気に感心した。京都らしさの演出が「程よい」のだ。出迎えるスタッフたちのことばが、やたら京都っぽくないのがいい。内装も落ち着いた和風、といった程度で、よく観光地で見掛ける「京都大売り出し」の過剰装飾がなく、かといって、おざなりのビジネスライクではない。

第三章　夏の京都のうまいもの

「旅籠」の朝食

ひとり客は窓を向いた横長のカウンター席に案内される。当然ながらビュッフェ形式。長らく敬遠してきた「食べ放題」だが、「押し付けられない」ことに気付いてからは、時折り利用しているのが、朝食バイキング。「食べ放題」は裏を返せば、「食べなくてもいい放題」なのである。

たとえば野菜ジュースとヨーグルト、コーヒーだけでもいいし、お粥と冷奴だけで済ませることも可能。誰もそれに文句を言わないのがありがたい。「朝食バイキング」に限らず、ビュッフェ形式になると、誰もが眦を決し、何としても元を取るべし、とついつい食べ過ぎてしまうのが常のこと。しかし元を取ろうと思わなければ、朝定食やアメリカン・ブレックファストに比べて、軽く済ませるには恰好のシステムなのだ。

「旅籠」の朝食。和洋、どちらも用意されているのは当然として、和食のご飯に選択肢があることに心が動いた。炊飯器の横に控えるオバチャンが、自信あり気に誘っている。筍ご飯、白ご飯、お粥。三つの釜の横に三人並ぶ。

その前に立ち、目が合うと、嬉々としてよそってくれる。特筆すべきは汁もの。筍ご飯には、わかめの吸い物、白ご飯には味噌汁と、ちゃんと使い分けている。これは完璧に食べ手の立場に立った組み立てだ。

おかずも豊富に揃う。おからの炊いたん、ひじきの炊いたん、青菜のおしたし。いわゆる京のおばんざいもあるし、鮭、鯖、鯵と焼き魚も一種類にとどまらない。漬物は「川勝總本家」製のものがずらりと並ぶ。

洋食好みにもきちんと対応しているだろうことは、隣の席に座った外国人カップルが、食べながら何度も満足げにうなずいていたことで分かる。パン、ソーセージ、卵料理、サラダと、見た目にもバリエーションは豊富だった。

カットフルーツとコーヒーで食後の余韻を味わうに、窓外の坪庭仕立てが嬉しい。六時半の開店と同時に入り、時間が許す限り寛いで朝食を味わう。京都に着いて、真っ先になすべきは「旅籠」の朝食である。その内容を見れば千五百円は決して高くない。老舗の朝粥と違って、人に自慢できるようなものではないが、真に「美味しい京都」を求める旅人には最適の朝ご飯である。

第三章　夏の京都のうまいもの

「近為」の「ぶぶ漬け」

朝といえばやはりお茶漬け。寝苦しい夜をやり過ごして、食欲の湧かない朝でもお茶漬けならさらさらっと搔っ込める。

残念ながら早朝からというわけにはいかないが、**「近為」**（地図F�37）のお茶漬け席はお腹を空かせて待つだけの価値は充分にある。

京都人気質を象徴するものに〈京のぶぶ漬け〉伝説がある。

都人の家を訪ね、長居をしてしまったとして、家人から、

「ぶぶ漬けでもどうどすか？」

「近為」

そう誘われても、決してそのことばにしたがってはならない。なぜなら、それは辞去を促す合図の台詞であって、本当はお茶漬けなど用意されていないというもの。

まことしやかに流布しているが、よくできた作り話。実際にそんな話はないといってもいい。そこまで屈折しておらず、帰ってほしければ帰ってほしい

と素直に述べるのが京都人。

ついこの間までは、どこの家でも台所の奥の床下か、流しの奥に小さな樽を備え、そこには糠漬けが仕込んであった。だが近頃はめっきりこういう家庭も減り、今では漬物を店で買うことのほうが多くなったのは残念至極。

夏の朝。手入れの行き届いた庭を眺めながら、座敷であぐらをかいて、いい按配で漬かった漬物を相の手に、さらさらとお茶漬けを掻っ込む。

洛中西陣に暖簾を掲げる「近為」は明治十二年創業の老舗漬物店。手切りにした野菜を昔ながらの重石漬けにする手作りを守り続けている。

漬物売り場の奥にある座敷での「ぶぶ漬け」は漬物寿司から始まるコース仕立て。白味噌椀、彩り豊かなたっぷりの漬物、店ならではの贅沢茶漬けが嬉しい。

十一時からの予約制。二千百六十円という価格も手頃だが、粕漬けの焼き鮭を付けて二千七百円にすれば昼食代わり、ブランチにもできる。

「イノダコーヒ」の「ロールパンセット」

有名な店である。京都通なら誰もが知り、一度はその独特な珈琲を味わったはずだ。

第三章　夏の京都のうまいもの

いまさらご紹介するまでもないのだが、夏の朝にここほどふさわしい店はないので、あえて紙幅を費やす。

たとえば日本一の名旅館「俵屋」で一夜を過ごしたとする。「俵屋」は日本旅館であるから、特段の申し出がない限り、朝食が供される。前夜、和か洋かを訊ねられ、迷いに迷って決めたそれは、つまるところ、いずれを選んだとしても決して後悔はしない。旅館だからこその和食。旅館の範疇を超えた洋食。この朝食を食べるためだけに泊まる価値がある。そんな朝餉に満ち足りて、さて少しの時間、京都ならではの朝を愉しむには？　そう訊ねて教えられるのが**「イノダコーヒ」**（地図B⑮）である。

彼の「俵屋」でさえも、安んじて客を委ねられる店。それが「イノダコーヒ」の「イノダコーヒ」たる所以である。

あくまで、"コーヒー"である。"コーヒー"ではないのがいかにも京都。繁華街、ターミナル、観光地、あちこちに店があるが、お奨めはやはり本店。「京都の朝はイノダで始まる」。表情でそう語る老紳士がいつもの席で、新聞を

「イノダコーヒ」の「ロールパンセット」

広げ、ゆったりと朝食を愉しんでいる。その横で、地図を広げ、さて今日は何処へ行こうか。思案するのは何よりの朝の贅沢。

お奨めは「ロールパンセット」。くるんと尻尾が上を向いた海老フライも愛らしく、挟んだロールパンは正統派。繊切りキャベツとポテトサラダが添えられ、コーヒとセットで八百円。

夏場には恰好の土産があって、祇園祭の鉾をデザインしたコーヒー缶がそれ。持ち帰って封を切れば、馨(かぐわ)しい香りとともに、祇園囃子が響く。

「ラ・ブランジェ アサノ」のカレーパン

意外に思われるかもしれないが、京都人は筋金入りのパン好きである。京都の街を歩けば、そこかしこで焼き立てパンの香りがどこからともなく漂ってくる。都人はそれぞれに贔屓(ひいき)のパン屋を持っていて、毎朝のように通い詰める。たいていのパン屋はパンの種類によって焼き上がる時間が異なり、それに合わせるように店に足を運ぶ。無論、予約済みである。人気のパン屋では、いきなり訪ねても買えないことが多く、予約札の貼られたパンを横目に、お腹を鳴らすハメになる。

第三章　夏の京都のうまいもの

そしてもうひとつ、都人の特徴は移り気なこと。新しいパン屋ができると必ず足を運び、そのパンを気に入ると、あっさり宗旨替えして、贔屓の店を替える。そうして何軒ものパン屋を渡り歩くことになる。さほど高価なものではないから、ちょっとした手土産にする。話題の店、入手困難な店、ニューオープンの店。それらのパンを買って知人友人に配るのは、少しばかりの自慢でもある。

「ちょっとようけ買うたさかいに。おすそ分けしとくわ」

そう言って、まだ温かい紙袋を手渡す。

「いやぁ、○○さんのバゲットやんか。食べたかったんや。よう買えたなぁ。ええ匂いやこと」

袋の上にはみ出したパンの匂いを嗅いで、うっとりした顔付きになる。

貰ったほうは嬉しい半面ちょっと悔しいが、そんな様子は微塵も見せない。それもまた都人。

洛北は「上賀茂橋」の畔。玄以通と新町通が交差する辺りに**「ラ・ブランジェ　アサ**

ノ」（地図A③）というパン屋があって、この店の隠れ名物がカレーパン。

京都の中心を流れる賀茂川は京都人のオアシス。四季、時間を問わず多くの市民が川面に目を休める。一番気持ちいいのは何といっても早朝。晩秋、東山の峰々から、ようやく陽が昇り始めた頃、賀茂川は既にラッシュ状態。ジョギング、犬の散歩、体操、と皆思い思いのスタイルで爽やかな朝の空気と戯れている。

数年前から始めたウォーキング。京都にいるときはほぼ毎日、早朝歩きを楽しんでいるが、洛北「上賀茂橋」の畔で漂ってきた、焼き立てパンの香ばしい香りを辿って行って見つけたのが「ラ・ブランジェ アサノ」。パリッと薄い皮が芳ばしいフランスパンも人気だが、必ずトングが伸びるのがカレーパン。軽い口当たりが朝にぴったり。

京都三大祭りのひとつ、「葵祭」で知られる「上賀茂神社」に程近く、新町通の北の端に店を構える「ラ・ブランジェ アサノ」は、ガラス張りの明るい店内に豊富な種類のパンを揃える人気店。早朝から夕刻まで、次々と焼き上がるパン目当ての客が絶えることはない。サンドイッチから惣菜パン、フルーツ系まで、どれもほのぼのとした味わい。

第三章　夏の京都のうまいもの

「てん狗」の朝うどん

朝早く京都に着いて、空腹を覚えたら、うどんという手もある。京都駅の八条口を出て、道沿いに西に向かって歩く。ショッピングストリート、レストラン街が続き、それが途絶えた辺り、〈うどん　そば〉と書かれた暖簾が目に入って来る。ここが**「てん狗」**（地図G㊵）。カウンター席だけの気楽な店。横一列に並んだカウンター席に腰掛けると、ぷーんと漂って来る出汁の香りに、思わずお腹が鳴る。

立ち食い風の店だが、味は本格的。うどんも丼も、何を食べても美味しい。

暑い朝なら、「冷やしキツネ」がお奨め。きつねうどんの冷やしバージョン。夏にはぴったりのメニュー。

シンプルにいくなら、「かけうどん」と、「あじごはん」の小。ワンコインでしっかりお釣りが来る。朝カレーでも平気なら、是非とも「きつねカレーうどん」を。汗をかきながら辛口のカレーうどんを食べるのも乙なもの。これもワンコインで充分足りる。安くて美味しい朝うどん。京の朝にはふさわしい。

「新福菜館本店」の朝ラーメン

「新福菜館本店」の中華そば

京都駅近くに朝早くから行列ができるラーメン店があって、京都人には「たかばしのラーメン」と呼ばれて親しまれている。店の前の道路が、JRの線路をまたぐ高架橋になっているので、〈たかばし〉と呼ばれるようになった。

なぜか二軒並んでいて、一軒は**「本家第一旭」**（地図G㊷）、もう一軒が**「新福菜館本店」**（地図G㊸）だ。

京都には不思議とこういう、両雄相並ぶといった光景が見掛けられる。たとえば「今宮神社」の境内で売られる「あぶり餅」の店がそうだ。**「一和」**（地図E㉘）と**「かざりや」**（地図E㉙）。どちらが本家か元祖か知る由もないが、どちらの店も同じような味わいであることが不思議。「たかばしのラーメン」も右に同じ。比較的似たような見た目、味わいなのである。どういう成り立ちでこういうことになったのか、仲がいいのか悪いのか。誰も詮索せずに、好みの店を決めているのも京都人らしさの表れか。

「新福菜館本店」の朝七時半の開店を待ちかねたように店に入って行くのは、夜行バス

第三章　夏の京都のうまいもの

で早朝に京都に着いた学生たち。

東京からの夜行バスが京都駅に着くのは七時前。しばらく時間を潰してお腹を空かせて麺を手繰(たぐ)れば、誰もがにんまりと笑顔になる。すでに拙著でも紹介したが、とにかくここのラーメンの特徴は黒いスープ。どんなに醬油鹹(から)いかと思いきや、あっさりとした後口で、気が付けば鉢が空(から)になっている。

見た目のインパクトとはまるで違って、優しい味わいは万人に向く。深夜、飲んだ後の〆(しめ)もいいのだが、なぜか朝ラーメンが旨い。

元は、京都中央卸売市場でひと仕事終えた人たち向けに、早朝営業を始めたと伝わるが、今では観光客の比率がもっとも高い。朝からラーメン？ と訝(いぶか)る向きにはぜひひとも試していただきたい。食べ終えて箸を置く頃には、きっとこれが京都の味だと気付くに違いない。

【総本家にしんそば 松葉】

俗に〈駅そば〉と呼ばれる、駅構内の蕎麦屋というのは、その多くが立ち食い方式で、値段も安い。じっくり味わうというより、手早く空腹を満たすために食べることがほと

んどだろう。

　二日酔いの朝などには、恰好の食べ物で、胃袋にも懐にもやさしいので、しばしば利用している。

　それらと同じく駅構内にあるのだが、老舗蕎麦屋の出店だけあって、本格的な蕎麦を味わえるのが**「総本家にしんそば　松葉　京都駅店」**（地図G㊶）。新幹線コンコースにあって、もちろん座って食べられる。

　店名にもあるように、京都名物ともいえる〈にしんそば〉はこの店から始まったメニューで、甘辛く煮たニシンと蕎麦の取り合わせは、いかにも京都らしい味わい。

　朝七時から十時までの、朝のサービスメニューは三種類あるが、僕のお奨めは「ミニにしんそばセット」。

　小ぶりのにしん蕎麦に、温泉卵と白ご飯、香の物が付いて、朝食としては充分なボリューム。千円でお釣りが来るのも嬉しい。

　早朝、京都に着いたときも、京都から出立するときも、新幹線ホームの真下にあるので実に便利。京都らしい出汁を是非とも味わって欲しい。

第三章 夏の京都のうまいもの

「天龍寺 篩月」

洛西の名刹「天龍寺」(地図J)。池泉回遊式の庭園が見事な寺だが、あまりにも有名過ぎるせいか、ここで精進料理を食べられることは存外知られていない。

朝十一時から昼の二時まで。「篩月」(地図J㊼)で予約なしでも食べられる「雪」コースは、三千五百円也(庭園参拝料含む)で充分愉しめる。一汁、一飯、五菜といわれる精進料理。素朴さの中にも、きりりと光る料理もあり、下手な京料理店の、ありきたりの会席よりはるかに味わい深い。豆腐、湯葉、野菜。慣れた食材の扱いはさすがである。

食事をすれば、名庭園を散策できるのも嬉しいところ。夏ならではの愉しいブランチ。

「大徳寺一久」の精進料理

盂蘭盆会。もとは釈迦の弟子、目連に因む法会だが、転じて先祖の霊を、親しみを込めて「お精霊さん」と呼び、十三日にお迎えして十六日にお送りするまで、毎日献立を変えてお膳を供える。俗にいう「お盆」。京都では先祖の霊を、親しみを込めて「お精霊さん」と呼び、十三日にお迎えして十六日にお送りするまで、毎日献立を変えてお膳を供える。

葛をひいた「のっぺ汁」には湯葉、小芋などが入り、出汁も昆布で取り、生臭を避ける。

「お盆休みにステーキを」などと、今やスーパーをはじめ、巷では精進など何処吹く風。紫野「大徳寺」から、辛甘鹹酸苦の五味の秘法を受け継ぎ五百年の歴史を誇る「**大徳寺一久**」(地図E㉝)。こんな時代だからこそ名物「大徳寺縁高盛」の清らかさが際立つ。清廉な味わいに身も心も引き締まる。

洛北の名刹「大徳寺」のすぐ傍に店を構える「大徳寺一久」は、一休禅師が名付け親ともいわれるほどの老舗中の老舗。よく手入れの行き届いた庭を眺めながらの精進料理に心が洗われる。お土産には独特の風味で知られる「大徳寺納豆」を。

「大徳寺一久」

四 夏の辛味

ただでさえ暑い夏なのに、なお一層汗を呼ぶ辛味。ある種の逆療法である。汗を止めるのが無意味なほどに暑い洛中。止めるのをあきらめて、いっそのこと、汗を流し切る。

第三章　夏の京都のうまいもの

旨いが辛い。辛いが旨い。額に玉の汗が浮かぶ。

「鳳飛」の「からし鶏」

何でも京都風にアレンジする都人。中華料理もその例外ではなく、北京、四川、広東、上海、全部を足して四で割って「京」をトッピングすれば、「京都中華」ができ上がる。「飛雲」「平安楼」「大三元」……。かつて都大路には京都ならではの、あっさりとした後口を特徴とする中華料理店があった。「あった」と、すなわち過去形で語るしかないのだが、その最後の砦とりでともいうべき店が洛北、賀茂川の畔に建つ「鳳舞ほうまい」だった。

高い天井の洋館。どこか大陸的な空気を漂わせる店で出す料理は、広東料理をベースにして、あっさりとした味わい。老若男女、万人に向く味付けで人気を呼んだ。昼時ともなると決まって順番待ちの列ができ、お世辞にも愛想がいいとはいえないその接客の悪さをものともせずに、根気よく待ち続けた都人は数知れず。

「鳳飛」

惜しまれつつ平成二十一年に閉じたその店の名物はいくつもあったが、その代表が「からし鶏」。四川風に辛味を強めた鶏の唐揚げだ。

鶏のもも肉を一枚まるごと、衣を付けてじっくりと揚げる。それに唐辛子をたっぷり散らした餡を絡めて食べる。なぜこんなに辛いのか、誰もがそう思いながらも箸が止まらない。まるで麻薬のような料理は、夏の間に一度は食べないと気が済まない、夏の風物詩。

その「鳳舞」に勝るとも劣らない味わいで今も人気の店が、「**鳳飛**」（地図E㉛）。この「からし鶏」は「鳳舞」より旨いと定評がある。

京都の中華料理店といえば、その多くが原色をちりばめた派手な店構えで客を誘うが、街場の中華料理店といえば、ひっそりと地味な佇まいで、民家と見まがうばかりの装いで客を待ち受ける。構えもそうだが、料理もまた控え目を旨とし、あっさりとした味わいが特徴。炒飯、酢豚、焼売など、和食にも通じる控え目な味付けで、都人の舌を喜ばせている。

なかで異彩を放つのがその「からし鶏」。ほどよい酸味と強烈な辛さが胃を刺激し、夏の眠りから覚ます。たっぷりの餡を絡めて、食べ終える頃には、汗が流れ出る。暑気払いに恰好の料理。洛北の住宅街にある

第三章　夏の京都のうまいもの

「鳳飛」へは、わざわざ訪ねる価値ありだが、観光を兼ねるならやはり「大徳寺」（地図E）が近い。こちらも夏にはふさわしい禅寺。朝早く参拝した後に激辛が待っている。

「お食事処やまびこ」の「すじカレーうどん」

十年以上前、京都ブームが目に見え始めた頃に『京都の値段』というタイトルで上梓した本の中で、夏こそ食べたい麺として紹介したのが**お食事処やまびこ**」（地図C㉔）という店の「すじカレーうどん」。爾来その人気はじわじわと高まり、今や行列のできる店としてマスメディアに引っ張りだことなった。

京都の旨いものを紹介することを生業にしていて、いつも悩ましく思うのは、こういう流れだ。隠れた旨いもの、偶然見つけた美味を紹介したいと思うのだが、その結果ブレイクしてしまうと気軽に食べられなくなるのも辛い。「余計なことして……」。きっと常連客も苦々しく思っているだろうと思うと、申し訳ない気持ちにもなる。

「お食事処やまびこ」

人知れず旨いものを出す店があれば、世に知らしめることで応援したいと願うのが人情というもの。誰も知らない美味を知っているという自慢もあって、隠し通すことができずにいる。だが、いつ行っても行列ができていて、やむを得ずあきらめて帰るときは、複雑な気分になるのもまた事実。

「お食事処やまびこ」は今や、「すじカレーうどんのやまびこ」になり、千客万来になってもその味わいは変わらず、どころか、ますます旨さに磨きが掛かっているのは、ご同慶の至り。並んでも食べる価値ある「すじカレーうどん」は八百八十円。

じっくり煮込んだすじ肉が和風のカレー餡に絡み、うどんにぴたりと寄り添う。うん。この味、この味。何度もうなずきながらその健在ぶりに、思わず笑みがこぼれる。ただ辛いだけでなく、出汁の味がしっかりと舌に残り、上品な味わいはさすが京都と思わせる。

京都府庁の向かい側。丸太町通に面する店には、わざわざ足を運んでもいいが、観光を兼ねるなら「京都御所」か「二条城」辺りか。〈暑中辛〉で、夏の京都を乗り切るに恰好の麺処。

五 土用の丑

夏の美味といえばやはり鰻を忘れるわけにはいかない。平賀源内のキャッチコピーにまんまと乗せられるのも悔しいが、不思議と土用の頃には食べたくなる。うまく考えたものだ。

夏の鰻。蒲焼きもいいが、やはりここはご飯と一緒に掻っ込みたいもの。白焼きで一杯、蒲焼きでもう一杯、ついでに肝焼きで……は、他の季節に譲るとしよう。

「祇をん う桶やう」の「う桶」

祇園花見小路辺り。本通りはいつもにぎわいを見せ、舞妓姿を撮ろうと、デジカメを構える観光客が目に付く。

そんな喧騒を横目に、ひと筋入ると昔ながらの静寂が路地に漂っている。

「祇園甲部歌舞練場」の向かい側、細道を西に入り、南北に伸びる路地を南に下がってすぐ、「う」の一字が染め抜かれた**「祇をん う桶やう」**（地図B⑨）の暖簾が、わずか

に揺れている。店の中からは鰻を焼く匂いが漂ってきて、思わず鼻をひくつかせる。

靴を脱ぎ、磨き込まれた木の階段をとんとんと上がる。待つこと暫し。この店を訪ねるのが初めてなら、目の前に現れた器を見て、必ず歓声を上げる。想っていた鰻重とはあまりに違う佇まいだからだ。

店の名が示す通り、鰻重は大きな手桶に入って現れる。小が二、三人前。大だと四、五人で食べられる量。桶の底にはご飯が敷かれ、その上に蒲焼きがびっしりと敷き詰められている。この見た目のインパクトはかなり大きい。

しゃもじで掬って茶碗によそって食べるのだが、いつかきっとこれを桶ごと搔っ食らうのが僕のささやかな夢である。ではあるのだが、早くしないと胃袋が老化して叶わぬ夢となりそうだ。

蒸しの入った江戸風だから、鰻はふわりと柔らかい。甘過ぎず辛過ぎず、ちょうどいい按配のタレが染み込んだご飯が旨い。掬っては食べ、掬っては食べ。名古屋名物櫃ま

「祇をん う桶やう」

「廣川」の鰻重

 ぶしのような変化球は一切なし。潔く、ただひたすらに食べ続ける鰻とご飯。堪能というのは、この料理のためにあることばではないかと思えるほどに、鰻ご飯を味わい尽くす。

 京都きっての景勝地、嵐山近辺はどこの観光地にもあるような、ありきたりの店が多く、食事時になると、はたと困り果ててしまう。そんな中にあって、ここならわざわざにでも訪ねたいというのが、鰻の **「廣川」**（地図J⑯）。

 以前の店から少し奥まった場所に移転新築し、店構えもずいぶんと立派になった。店構えは変わっても、鰻重の姿は以前と同じ。小判形の重箱に、あっさり、ふんわりと焼き上がった鰻が上品に盛られる。幾分硬めに炊いたご飯との相性もよく、さらりと食べられる。

 おうおうにして、店が新しくなると味が落ちるものだが、それも杞憂に終わり、満ち足りて店を後にした。

 若い頃は少しく頼りないように思えた味も、今ではちょうどいい。こってり、しっか

りを望む向きにはいささか物足りないかもしれないが、しつこいものはどうも苦手、な方にはちょうどいい。嵐山観光、嵯峨野散策の折にはぜひ。無論、鰻好きなら、わざわざに足を運んでも決して後悔はしない。

六 　夏の涼麺

「サカイ」の冷麺

冷麺というと、関西、特に京都では、関東でいうところの冷やし中華のことを指す。独特の歯応えがある蕎麦粉で打ったそれは、韓国冷麺と呼ぶのが、京都では一般的。普通に冷麺といえば冷やし中華。カンスイの入った黄色い中華麺の上に、胡瓜、ハムか焼き豚、そして薄焼き玉子の細切りをたっぷり載せ、胡麻と醬油、酢を合わせたタレをたっぷり掛けて供される。

「冷麺始めました」との貼り紙は夏到来の風物詩。冬のカキフライと同じく〈始めました〉ものの代表だ。であるのに、この **「中華のサカイ本店」**（地図E㉜）では困ったことに、もとい嬉しいことに、年から年中、メニューに冷麺が載っているのだ。

第三章　夏の京都のうまいもの

洛北上賀茂。上賀茂神社に通じる御薗橋通を、賀茂川から西へ。大宮通の手前に「サカイ」はある。一見どこにでもある、街場の中華屋だ。

「ぎをん権兵衛」の「ささめざるうどん」

「ぎをん権兵衛」（地図B⑦）。京都を代表する蕎麦の名店が夏にだけ供する「ささめざるうどん」には、三つの驚きが隠されている。ひとつには、その分量。小腹を満たすに充分なこと。ふたつには、見た目のかう土地柄から想像する量を超え、細さからは考えられないほどのコシ。しっかりとした嚙み応えに、うどん本来の香りが滲み出る。三つにそのツユの濃さ。量、質、味、三位一体。「京」のイメージを覆す、しっかりとした味わいに祇園の奥深さを知る。

大阪は間違いなく「うどん圏」だが、京都は微妙。「蕎麦圏」のようでもあり、「うどん圏」ともいえなくはない。京都のうどんは大阪とはまた違った柔らかさで、コシとは無縁といってもいい。嚙むと、く

「ぎをん権兵衛」

七 涼を呼ぶ夏菓子

「松屋藤兵衛」の「珠玉織姫」

かくも美しい菓子があるだろうか。この菓子を見るたびにそう思う。掌に載せてころころと転がしてみる。色がいい。形が愛らしい。大きさがほどよい。何より味わいが上品だ。七夕の日の贈り物として人気が高い。

七夕はまた「棚機」とも書き、すなわち、機織りに因む行事でもある。七夕の夜に輝く星、織姫は古代中国天帝の娘にして機織に長けていたが、しかし夏彦と出会った後、睦まじきにかまけ、機織もおろそかになる。天帝の怒りを買い、年に一度だけの出会いを強いられた。

にゅりと崩れ、しかしその瞬間、出汁の旨さが染み出てくる。温かいうどんだとこうなるが、夏場、冷たく冷やしたささめうどんは意外にもコシを感じさせる。幾分濃いめのツユを撥ねつけるようでいて、しかしその実、しっかりと寄り添う。どんなに食欲がないときでも、これならするりと胃袋に収まる。夏ならではの祇園名物。

第三章　夏の京都のうまいもの

ふたりの間に横たわる、天の川を思わせる美しい菓子がこの「珠玉織姫」。今も機織の音が響く西陣に程近く、「大徳寺」横に暖簾を上げる老舗「松屋藤兵衛」(地図E㉞)の謹製銘菓。糖蜜を丸く固め砂糖をまぶした菓子は、雅やかな五色に彩られる。年に一度、晴れて出会えるならどんなに幸せだろう。羨む瞳がいとおしく、丸くすぼめた掌にそっと菓子を載せ、並んで星空を仰ぐ七夕の夜。

「松屋藤兵衛」

店の近くに建つ「織姫社」(地図E)は、織姫に機織りを教えた織物の祖を祀る社。織物の町、西陣の守り神として地元に愛される神社は、五代将軍綱吉の母、桂昌院が建立に尽力したことでも知られる。その桂昌院の名である「玉」をも想わせる菓子には、織物、織姫、桂昌院と店主のさまざまな思いが籠められている。

「鍵善良房」の「くずきり」

子供の頃、祇園さんへ行く楽しみの大半は「鍵善良房 本店」(地図B⑩)の二階へ上がって、「くずきり」を食べる

ことにあった。信玄弁当を象った見事な螺鈿細工の器は、当時、黒田辰秋の作品だった。店舗改築により、喫茶室は階上から一階奥へ。

当然ながら人間国宝でもある黒田の器は、現在は使われるはずはなく、抹茶を思わせる、鮮やかな緑の漆器で供される。いささか趣きは変わったが、それでも黒田作の立派な李朝風家具も健在なら、淡白な葛に甘い蜜が絡む涼やかな舌触りも、変わらぬ味わい。つるりと喉を滑っていく透き通った葛は、まさに甘露。祇園の夏は冷んやり甘い。

「鍵善良房」の「くずきり」

「出町ふたば」の「水無月」

出町枡形。かつてこの辺りは洛街の外れであった。京の街と若狭を結ぶ鯖街道はここが終点。多くの若狭人や都人が行き交い、鄙と雅が微妙に混ざり合う街だった。その名残りからか、今もこの商店街では、他にはない美味が揃う。**「出町ふたば」**（地図D ㉗）の「水無月」もそのひとつ。

第三章　夏の京都のうまいもの

行列嫌いの京都人をも並ばせる素朴な真実は「豆餅」だが、夏のお目当てはこの季節だけの菓子「水無月」。六月三十日に食べるのが決まりごと。決まった日に決まったものを食べるしきたり。一見面倒に思えるが、実は案外気楽だ。

三角形の外郎（ういろう）地に小豆が載る。白、黒、緑とそれぞれ味わいが違うので、健啖家（けんたんか）なら三個一緒に味わう。氷室（ひむろ）から献上される氷、庶民の口に入ることなど夢のまた夢。氷を象った「水無月」なら、手軽に味わえる。和菓子はまた、京の町衆の心意気を表す。

「クリケット」のグレープフルーツゼリー

今ほどに、スイーツ、スイーツと騒がなかった頃から、実は京都には、和菓子に一歩たりとも引けを取らない洋菓子の存在があった。その典型がこの **「クリケット」**〔地図F㊴〕の「クリケットゼリー　グレープフルーツ」だ。桜の頃には人で溢れる「平野神社」と、西大路通を挟んで向かい側。口当たり爽やかなこの菓子を求めて、都人たちがこぞってここを訪れる。

ゼリーと寒天は別物である。寒天なら和菓子だが、ゼリーとなれば洋菓子。だが都人の支持はそんな違いで揺るぐはずもなく、むしろ、この爽やかさ、潔さに拍手を送った。

一個が六百五十円という値段も妥当だ。いくら希少な夏蜜柑の寒天仕立てだからといって、一個が千数百円にもなれば、とてもじゃないが気軽に暑気払いとはいかない。老舗和菓子屋のそれを競って買い求めるのは、金に糸目を付けないセレブたち。大方の都人はあくまで「庶民」なのである。

「クリケット」

「紫野源水」の「涼一滴」

和菓子の王者ともいえる羊羹が苦手になって久しい。子供の頃には羨望の眼差しで見つめた厚切りの羊羹も、今見ると胸膨れしてしまう。牛肉にたとえるなら霜降りの感覚に近い。齢を重ねるというのはこういうことなのだろう。脂身を含まない赤身肉と同じく、水羊羹ならあっさりと食べられる。あるいは「でっち羊羹」。

いかにも涼しげな白磁の器に入った **「紫野源水」**(地図E㉚)の「涼一滴」。よく冷やしたそれを手に取った瞬間から、涼しいひとときが始まる。甘さを抑えた水羊羹をぷる

第三章　夏の京都のうまいもの

「紫野源水」の「涼一滴」

んと舌に載せると、ひんやりとした涼風が口の中に吹き渡る。胡麻味も風味豊かで、ふたつくらいなら、ぺろりと平らげられる。食べ終えた器は煎茶碗によし、ぐい飲みによし、と重宝する。

菓銘、大きさ、味わい、京の夏を代表する夏菓子である。

「鳴海餅本店」の「水万寿」

夕闇迫る「鳴海餅本店」(地図E㊱)。赤飯を手にした老婦人にひとこと。

「奥さん、今日は赤飯でっか」

「へぇ。こう暑いと赤飯くらいしか入りまへんわ」

京都の街中に暮らす独り暮らしの老人どうしの会話が続く。

「うちは孫が皆帰ってきてて、おばあちゃん、あれ買うてきて、て頼まれましてん」

と、色とりどりの「水万寿」を二十個、晴れやかな表情

で買い求める。
「おにぎやかでよろしいな。うちとこの孫は帰るどころか、電話一本もおへんわ」
寂しげなことばに、慌てて包みを解き、二個手渡す。
「おひとつどうどす。美味しおっせ」
切ない甘さの「水万寿」が、独り身の辛さを知る者どうしの心を通わせる。

堀川下立売の「鳴海餅本店」。一番の名物は赤飯。お祝い事でなくても、手軽なご飯として赤飯を好物とする都人は多い。店名が示すように、餅や菓子がもうひとつの名物。季節ごとに饅頭菓子がずらりと並ぶ様は圧巻。夏限定の「水万寿」は見た目にも涼しげで、冷やして食べると、ひんやり爽やか。都人ならではの暑さしのぎ。

「鳴海餅本店」

八　夏飲み

祇園石段下「珈琲カトレヤ」のアイスコーヒー

祇園祭。山鉾巡行が終わると、夥(おびただ)しい数の観光客は潮が引いたかのように、すーっとその姿を消す。したがって、日暮れて「八坂神社」を出発し、鴨川を挟んで、三条、四条界隈を練り歩く三基の神輿の存在を知る人は極めて少ない。

十日の神輿洗式、十六日の宵山を経て、神霊をうつした神輿こそが、祇園祭が厄除けの神事であることの証。京都の町衆にとっては、神輿が八坂神社に還(かえ)る二十四日の「還幸祭(こうさい)」が真の「祇園さん」。

祇園石段下。クラシックな佇まいで客を迎える**「珈琲カトレヤ」**（地図B⑧）。「八坂神社」と同じ水脈の「御神水」を使った珈琲はまさに甘露。「還幸祭」、千人にも及ぶ、汗だくの神輿担ぎに毎夏振る舞うのは店の誇り。

芳(かぐわ)しき珈琲の香り漂う重厚な喫茶店より、年々その数を減らしていく京都の喫茶店。ハーブの軽い空気に満ちたカフェに人気が集まる世相に抗し切れず店仕舞いした喫茶店

は数知れず。そんな中で「珈琲カトレヤ」の健在ぶりは嬉しい限り。アカデミックな空気の中、涼やかなアイスコーヒーで喉を潤す「祇園さん」。

祇園石段下。「八坂神社」の楼門が朱色を際立たせ、夏の日照りもあって、その暑さに、額の汗が滲み出す。喉の渇きを癒そうとして、自販機でドリンクを買うのは、いかにも京都に似つかわしくない。

「珈琲カトレヤ」でひと休み、が祇園ならではの憩い。

仄暗（ほのぐら）い店内に入ってまず目に入るのが井戸。涼やかな眺めに目を休ませ、霊験あらたかな「八坂神社」の御神水で淹（い）れたアイスコーヒーで、ひんやりと喉を潤す。

「珈琲カトレヤ」のアイスコーヒー

「上七軒歌舞練場」のビアガーデン

アイスコーヒーはさておき、夏の酒徒（しゅと）の愉しみといえば、何を措（お）いてもビアガーデンだ。

第三章　夏の京都のうまいもの

「上七軒歌舞練場」

真昼のうだるような暑さは、あくまでこの瞬間のためのプレリュードだった。そう思わせるほどに、ビアガーデンで最初に傾けるジョッキは夏の醍醐味。渇き切った喉に染みわたるビールがなければ、人は何を糧にして夏の一日を働けばいいのだろう。そう思えるほどに、真夏の生ビールは旨い。それを実感できるのは夏限定のビアガーデン。

都会のビアガーデンはたいていがビルの屋上にある。だが、さすが京都。機音が響く西陣で、しかも、京都最古の花街「上七軒」の舞妓、芸妓が舞い遊ぶ庭に夏限定の「**上七軒歌舞練場ビアガーデン**」（地図F㊳）を作ってしまった。むろん期間限定。本格料理は期待できないが、川床同様、雰囲気を愉しむ場所と割り切ればいい。

七月に入ればオープンし、九月の上旬頃には店仕舞い。旧盆期間は休むから要注意。連日、数名の芸妓、舞妓さんたちが笑顔を振りまき、席を回るので、ちょっとしたお茶屋気分も味わえて、中ジョッキ一杯に酒肴が付いたスタートセット二千円也は、かなりのお値打ちともいえるだろう。

「ANAクラウンプラザホテル京都」のビアガーデン

かつて拙著で詳述した、お気に入りの京都のホテル。夏場の屋上ビアガーデン（地図C㉕）も人気だ。和洋中、トップクラスのレストランを擁するホテルゆえ、その料理には定評があり、なおかつ「二条城」を間近に望む、その眺めも絶景といっていい。

豊富なメニューを肴に飲み放題、といわれても、そうそう飲めるものではない。京都の夜景を見下ろしながら、あれは何処だろう、あの森は御所、じゃああのビルは何？

「ANAクラウンプラザホテル京都」

などと語り合うのが愉しい。

京都駅とを結ぶシャトルバスも、このビアガーデンの営業に合わせて延長運転されるので、泊まらずとも愉しめる。

他にも駅前のホテルには、いくつか屋上ビアガーデンを開設しているところがある。料理は、といえば、まぁ、そこそこ。屋上のにぎわいに身を置くことで、良しとしよう。

京都の街とビアガーデン。意外なほどの好相性を見せる。

第四章

夏の足伸ばし

一 涼を求めて近江八景

京都人にとって近江とは

 いつもいつも京都の露払いをさせて申し訳ないなと思いつつ、琵琶湖へ向かう。かつて夏の琵琶湖は京都人にとっての〈ビーチ〉であった。同じ京都府にありながら、日本海は遠い。だが隣の県である琵琶湖はすぐそこにあるのだ。日本一広い湖だから対岸が見えないところもあるし、波だってちゃんと起こって琵琶湖に連れて行かれても、何の疑問も持たず、はしゃぎまくっていたほどだ。京から近江へ。いくつもの道筋があるが、〈ビーチ〉に向かうときは琵琶湖疏水を遡る。

 起点は京都の中心、地下鉄東西線の「京都市役所前」駅（地図B）。京都の地下鉄はわずかに二路線。南北を貫く「烏丸線」と、東西を結ぶ「東西線」。地下鉄を乗り換えるだけでたいていのところに行ける大都市を羨むことも少なくないが、これも古都ゆえの定めとすればやむ

第四章　夏の足伸ばし

を得ないことでもある。

　地下鉄に限らず、京都の街中で、ちょっとしたビルでも建てようとして土を掘ると、とんでもないものが出現して、工事を中断しなければならなくなる事態は決して少なくない。ましてや地下鉄建設のために掘り返そうものなら、平安京の名残りにあちこちでぶつかってしまう。

　そんな難敵をかわしてやっとの思いで開通した地下鉄が、近江と直結しているというのは不思議といえば不思議な話だ。

　地下鉄東西線、「京都市役所前」駅から乗って、琵琶湖の湖岸「浜大津」まではわずかに二十分の距離である。

　わずか二十分間の地下鉄。たとえば地下鉄銀座線でいえば、日本橋から渋谷までと同じ程度の所要時間。ということは、東京の感覚でいえば、都内のすぐそこへ行くのと同じ。今回、京都歩きに琵琶湖を加える大きな所以である。

　京都紹介は前著『おひとり京都の春めぐり』（光文社知恵の森文庫）から、広域京都へと範囲を広げた。東京二十三区と重ねれば、近江は勿論、奈良、若狭もその範囲に入る。文化的、地理的にも密接な繋がりを持つ土地に足を運ぶことで、はっきり京都とい

169

浜大津の街並み

う街が浮かび上がるはずだ。

地下鉄から浜大津散歩

夏旅で大事なのは早起き。朝涼しいうちに動いておきたい。当然ながら琵琶湖へ向かうのも早朝がいい。七時十九分に「京都市役所前」駅を発つ地下鉄に乗ると、「浜大津」(地図K-b)に着くのは七時四十三分。これくらいならまだ涼しい。

東西線は京阪京津線に接続して、「京阪山科」からは地上を走る。「追分」を過ぎ、かつての逢坂関を越えると、琵琶湖はもうすぐ。

「浜大津」の駅からは空中デッキを通って「大津港」へと辿る。港から東へ伸びる湖岸沿いは**大津湖岸なぎさ公園**(地図K-b)と名付けられ、恰好の散歩道となっている。「近江大橋」までは片道約三・五キロ。往復七キロの道程だ。おおよそ一万歩。普通なら二時間もあれば歩ける距離だ。

かつては湖西にあって、琵琶湖の迎賓館とも呼ばれるほどの名建築だった「琵琶湖ホ

第四章　夏の足伸ばし

「テル」も移転とともにすっかり様変わりして、明るいモダンな建物を湖面に映している。

しばらく歩くと、綺麗なカーブを描く屋根が印象的な建物に出会う。これは「滋賀県立芸術劇場びわ湖ホール」。日本では珍しい四面舞台を備えた大ホールでは、オペラもたびたび上演され、西日本屈指の舞台と評価が高い。アーティスティックな外観からもその意気込みが窺える。

湖にはヨットの帆が並び、ゆらゆらと揺れる。明るい空と海。遠くに聳える比良の峰々。京都の街中では決して得られない開放感を存分に味わう。

しばらく歩くと、今度はミラーを壁面に貼り付けた円柱形のビルが見える。「大津プリンスホテル」。高さ百三十三メートル、三十八階建ての高層ホテルはもちろん滋賀県一の高層建築である。手掛けたのは丹下健三。二十五年以上も前に建った頃には物議を醸したが、今ではすっかり琵琶湖に溶け込み、ランドマークとなっている。ここら辺りが折り返し地点。「近江大橋」を眺めたら、浜大津へ戻る。

「なぎさ公園」の散歩道

京都旅なのにミニクルーズ

せっかくの琵琶湖。船に揺られてみるのも一興だ。夏のクルーズは朝十時に第一便が**「大津港」**(地図K-b)を出航する。それに間に合うように散歩の距離を調節すべし。「ミシガン」と名付けられたショーボートで八十分ほどの船旅。琵琶湖の南湖をぐるりと辿る。船上に吹き渡る風は海と違って潮気もなく、爽やかに頬を撫でてくれる。乗船料は二千七百八十円。高いといえば高いし、安いといえば安い。船遊びというのも滅多に経験できないことなので、一度は乗っておきたい。

船旅というのはいつも魅力的だ。老後は豪華客船に乗って世界一周、とは多くの夫婦が描く夢ではないだろうか。そこに必要なのは時間とお金。つまりは余裕がないと愉しむことができないのが船旅。せめて、琵琶湖のミニクルーズで叶えたいもの。

琵琶湖は堅田と守山を結ぶ「琵琶湖大橋」で、南と北に分けて呼ばれる。「ミシガンクルーズ」は、南湖をぐるっとひと回りする。

「ミシガン」

第四章　夏の足伸ばし

汽笛が鳴り、港に並ぶスタッフの見送りを受けて出航。気分だけは外洋クルーズだ。船は十九世紀のアメリカ南部をイメージして造られた外輪船。バシャバシャと湖水を撥ねて進む。出航の銅鑼を鳴らすのは乗客の役割になっているようで、クルーズ気分を盛り上げるイヴェントのひとつ。琵琶湖大橋の手前で折り返した頃には、カントリーミュージックのショータイムも始まり、気分はまさにアメリカン。大津がシカゴに見えてくる……、かどうかは人さまざま。また、夕景から夜景までを愉しめるナイトクルーズもある。京都からひと足伸ばして、琵琶湖の涼風を頬に受けるのも夏ならではの京都旅。

一時間半にも満たないミニクルーズ。「大津港」には十一時二十分に戻ってくる。ここで琵琶湖に別れを告げて、京都に戻るのも選択肢のひとつだが、余裕のある京都旅なら、もう少し近江を逍遥したい。

「ダイニングMOO」で近江牛ランチ

せっかく近江まで足を伸ばしたのだから、近江牛を食べたい。そう願うものの、大津近辺で、気軽に近江牛のランチを食べられる店は意外に少ない。

そもそもがJRの大津駅からして、これが県庁所在地の駅かと思うほど閑散としてい

駅頭を見回しても、近江牛はおろか、気の利いたランチを食べられそうな店が見当たらない。それに比べれば京津線の浜大津駅のほうが、琵琶湖にも近く、琵琶湖ホテルの存在もあって、いくらか賑わいを感じられる。万事控えめな近江らしいといえばそうなのだが、旅人にとっては、もう少し賑わいがないと寂しさが先に立ってしまう。

浜大津、琵琶湖ホテルの向かい側に**「ダイニングMOO」**（地図K-b㊾）という店があり、ここなら手軽に近江牛ランチを愉しめる。

王道ならステーキ。陶板焼きや鉄板焼きなど、好みに応じて選び分けられる。もっと手軽にというなら、「手ごねハンバーグセット」や平日限定ながら「牛しぐれ丼セット」などもあり、格安で近江牛を味わうことができる。

僕のお奨めは「牛しぐれ丼セット」に「近江牛コロッケ二個」をプラスするメニュー。コロッケにはしっかり近江牛が入っていて、贅沢な味わい。満腹満足、間違いなしである。

「湖舟」の「志じみめし」

近江に来たら近江牛。是非お試しあれ。

第四章　夏の足伸ばし

アフターランチに訪れたいのが「石山寺」(いしやまでら)（地図K-b）。「浜大津」駅から石山坂本線に乗れば、十分あまりで「石山寺」駅に着く。駅から歩いて十分ばかり。夏の「石山寺」を訪れる参拝客は少なく、長閑な近江の寺といった風情を湛えている。

ここ「石山寺」の門前には「湖舟」(こしゅう)（地図K-b㊿）という店があって、ここの「志じみめし」は門前名物として広く知られている。先の「近江牛」と併せて覚えておきたい店だ。端(はな)から「石山寺」まで足を伸ばすつもりなら、あるいは牛が苦手ならば、ここで昼餉にしてもよい。

なぜ「志じみめし」かといえば、この「石山寺」のすぐ傍を流れる瀬田川産のシジミをセタシジミといい、この近辺がセタシジミの本場だからである。

鯨だの、クロマグロだのは、絶滅危惧種だといって世界中、大騒ぎするのだが、春の珍味ホンモロコや、寿司のルーツ、鮒寿(ふなず)しの原材料となるニゴロブナ、そしてこのセタシジミなどの湖産物は、誰も騒いでくれない。しかしこれらは歴とした、絶滅を危惧される湖の幸だ。絶えることのないよう祈るばかりだ。

さてセタシジミ。釜めしの器で供される「志じみめし」には残念ながらその希少さゆ

え、使われていない。だがあきらめるのはまだ早い。添えられた赤だしには琵琶湖産のセタシジミが使われているという。凝縮された貝のエキスが、こっくりと胃の腑に沁みわたり、ちまちまと、小さな身を外す。小さな貝殻から、小さな身を外す。しみじみと旨いのである。

「石山寺」と近江八景

『源氏物語』ゆかりの寺として、源氏千年紀には大いに盛り上がりを見せた「石山寺」は、また花の寺としても知られ、六月頃、「無憂園」の池には多種多様な花菖蒲が可憐な花を咲かせる。池泉回遊式庭園も見ものだが、広い境内はちょっとした小山の趣があり、暑さに辟易していなければ、ゆっくりと散策したい。

夏の陽射しをたっぷり受けた瀬田川を眺めながら、「東大門」を潜る。滋賀県最古の木造建築といわれる「本堂」、源頼朝の寄進によって建立された日本最古の「多宝塔」は、なんとも優美な造形である。

本堂の「源氏の間」と名付けられた部屋には、紫式部をモデルにした十二単の人形が置かれ、源氏気分を盛り上げてくれる。かと思いきや、逆に夢が覚めてしまうように

第四章　夏の足伸ばし

も感じられる。人形はあくまで造り物だからだ。

この辺りが、京都と滋賀の違いである。第一章でも記したように、京都という街のしたたかさは、旅人の想像力をうまく利用しているところにある。平安京の遺物をずらりと並べるのではなく、その〈匂い〉を随所にちりばめることによって、まるでそこに平安の都があるように見せる術を、京都は熟知している。

もしもこの小部屋を京都流に演出するなら、たとえば襖(ふすま)の向こうから、紫式部を思わせるようなナレーションを流し、香を炊(た)き、煙をくゆらせる。旅人はそこに思い思いの紫式部を頭に描く。イメージは限りなく膨らみ、「石山寺」に平安の昔をきっと見つけることだろう。

平安の世。山国京都に住まう都人にとって、開放感溢れる琵琶湖の浜は、どんなに魅力的に映ったことだろう。観音信仰が全盛だった平安京。逢坂山を越え、大津の浜から船に乗って、石山に着く。気分転換には恰好の小さな旅だったに違いない。

京の都から近江へと辿り、琵琶湖の水面に目を休ませ、古跡に遊ぶ。今に始まったことではないのである。

瀬田川を望む「月見亭」など、他にもこの寺の見どころは多い。この寺に月は欠かせ

ない。紫式部は月を見て、『源氏物語』を思いついたというのだから。叶うなら月の出まで待ちたいところ。「近江八景」の第一は「石山秋月」。

中国北宋時代に選定されたという「瀟湘八景」になぞらえて、琵琶湖の南部から八箇所の名所を選んだ「近江八景」。第二は「瀬田夕照」。石山寺のすぐそばで見られる。

琵琶湖に注ぐのではなく、琵琶湖から注ぎ出るのは瀬田川ただひとつ。その瀬田川に架かる「瀬田唐橋」がその舞台。日本三名橋とも、三古橋とも称される「瀬田唐橋」。ずらりと連なる擬宝珠が見事。歌川広重描く「瀬田夕照」と同じ光景が今も見られる。

第三は「粟津晴嵐」。今の大津市晴嵐一丁目辺りの眺め。海沿いをも思わせる松林は、今もその名残りを留め、「なぎさ公園」へと続いている。ミニクルーズの後に散策する

「石山寺」月見亭

瀬田の夕景

第四章　夏の足伸ばし

「矢橋帰帆島」

のもいい。
　そして次なる第四が「矢橋帰帆(やばせのきはん)」。矢橋は今の大津市と草津市のちょうど境目辺り。「矢橋帰帆島」は公園として整備されている。かつてはここから船に乗って、東海道をショートカットしたことから、湖岸の港町として栄えたところ。
　遠く対岸には比良の峰々が連なり、矢橋への帰港を急ぐ船の帆が湖面を滑っていく。そんな眺めだったのだろうが、今は沖合にウィンドサーファーたちの帆がゆらゆらと揺れている。
　第五以降は湖西の景色、また違う季節に譲るとして、矢橋から湖岸沿いに北東へ進むと、やがて烏丸半島に行き着く。葦(あし)が原生し、琵琶湖真珠の養殖場があったりする、琵琶湖に突き出す三角形の半島。
　近江八景の頃には存在していなかったのだろうが、もし今も選ぶなら、その筆頭に挙げられるだろう眺めがある。
　そしてその、この世のものとは思えぬ絶景は夏だけに出現するのだ。

夏の足伸ばし。次は琵琶湖に浮かぶ夏ならではの極楽浄土。

二　夏ならではの「美」——琵琶湖に浮かぶ蓮

蓮と極楽浄土

琵琶湖の東岸から突き出た烏丸半島には、日本有数の蓮の群生地がある。「草津」駅からバスで辿るのが一般的なアクセス。

蓮の花は朝早くに開く。できれば早朝には**草津市立　水生植物公園みずの森**（地図K-a）を訪ねたい。第五章で詳述する「ホテルボストンプラザ草津」に泊まるとなお一層便利だが、京都泊まりでも、充分可能だ。「草津」駅西口を午前八時ちょうどに出発するバスがある。これだと八時二十四分に「みずの森」停留所に着く。目指すは蓮の群生地だ。

バス停から正面ゲートを潜り、メイン施設である「ロータス館」は後回しにして、まずは湖岸の蓮群生地に急ぐ。蓮の花は朝早ければ早いほど美しいからだ。

七月から八月に掛けて咲くのだが、最盛期は七月下旬から八月初旬頃。湖面を覆い尽

第四章　夏の足伸ばし

「みずの森」に咲く蓮

くす緑の葉の間から、淡い紅色の花が顔をのぞかせる。湖面を渡ってくる風に乗って、ノーブルな香りがほんのりと漂う。この世のものとは思われぬ美しさは、桃源郷ならぬ、〈蓮源郷〉。

如来像の台座は蓮の花を象る蓮華座。目の前の湖に、まるで無数の如来が、頬をほんのり染めて微笑んでいるようだ。泥水の中から、すっくと茎を伸ばし、奇跡のように清浄な色と形の花を咲かせる。ゆえに仏教では蓮の花は、仏の慈悲を象徴するものとされ、さまざまな意匠で寺院を彩っている。

一蓮托生という言葉がある。これは人が死んで後、極楽浄土に往生して生まれ変わったなら、同じ蓮の花の上にその身を捧げるという思いを表したもの。この時期、お盆を前にして、蓮の花が一斉に開くというのも不思議な因縁ではある。

間近に蓮の花を眺めたなら、半島の先にある芝生広場へ向かう。

「ハス祭り」の期間中なら、ここで「象鼻杯」が体験できる。「象鼻杯」とは文字通り、長い蓮の茎を象の鼻に見立てて、葉に注いだお酒を吸うというもの。中々に風流である。「ハス祭り」は年によって開催日が異なるので、必ず問い合わせを。

「象鼻杯」がなくとも充分愉しめる。「蓮見岩」から蓮の群舞を見渡し、「ロータス館」で花を開かせる大輪の朝顔、熱帯の水蓮を眺める。いかにも夏らしい涼やかな花は、見ているだけで、暑さが和らぐ。

「ロータス館」、もうひとつの見どころは、アトリウムに植わる「仏教三大聖樹」。無憂樹、印度菩提樹、沙羅双樹がそれだ。

三大ナントカというのは意外にこじつけが多く、実際目の当たりにすると、「なーんだ」というものも少なくない。だがこの「仏教三大聖樹」は厳かな気持ちにさせられる。なぜこの三つなのかというと、無憂樹は、お釈迦さまが生まれたところ、印度菩提樹は悟りを開いたところ、沙羅双樹は入滅したところ、にそれぞれ生えていた木だからである。つまりは一種の記念樹。

夏真っ盛りの京都。人々は先祖を迎え、そして送る。その行事と間近に接することが、夏京都のハイライトだとすれば、その背景にある極楽浄土の存在をも見ておきたい。そ

のひとつがここ、近江は烏丸半島なのである。夏の足伸ばしに、琵琶湖の畔、烏丸半島をお奨めするのは、こういう理由からである。

そしてもうひとつの極楽浄土は、京都の南、宇治の地にあるのだが、それは季を改めて。

琵琶湖のルーツを学ぶ

「水生植物公園みずの森」に隣接して建つ**滋賀県立琵琶湖博物館**（地図K‐a）もぜひ観ておきたい施設。

井戸水やミネラルウォーターを使用している店もあるだろうが、基本的に京都の「水」は、ほぼすべてが琵琶湖疏水の恩恵を蒙（こうむ）っている。京料理といえども、京漬物であっても、その味わいを決める「水」は琵琶湖から来ているのだ。この「琵琶湖博物館」では、そのルーツを辿ることができる。

二億五千万年も前の琵琶湖から始まり、湖底の遺跡、湖上交通の歴史など、分かりやすい説明と興味を引く展観で、客を厭（あ）きさせることがない。中でも竹生島（ちくぶしま）周辺の水中を再現したという、水槽は圧巻。直径三メートルほどの、ガラスのトンネルを潜る間、琵

近江草津の旨いもの——琵琶湖の味

敷地内に点在している。日本の原風景はどこか懐かしい。夏の田舎は、夏休みに繋がり、子供の頃の記憶が蘇るからだろうか。夏の陽射しは強いが、適度に木陰もあり、湖を渡ってくる風が心地よく、のんびりと散策を愉しめる。

京都市内を流れる琵琶湖疏水

琵琶湖水中散歩気分を味わえる。ビワマスやイワトコナマズが現れると、あちこちから歓声が上がる。海とはまた違い、その泳ぎ方もどこか優美に見える。

他にもいくつか水槽があるのだが、「ふれあい水槽」という体験型のものが面白い。水槽の横に手を入れるための穴が開いていて、手を入れて魚に触れることができるのだが、水槽に穴が開いているのに、なぜ水が漏れないのか、ちょっとした不思議もあり、泳ぐ魚に触れるのも小気味いい感触だ。

屋外には太古の森や、生態観察池、田圃や畑などが、広

第四章　夏の足伸ばし

　早朝からの観覧と散策。そろそろお腹の空く頃。この「琵琶湖博物館」には少しばかり異色のミュージアムレストラン「**にほのうみ**」(地図K-a㊽)が併設されている。高い天井までの大きなガラス窓が開放感を演出するレストランには、他では決して味わうことのできない珍しいメニューがある。

　先の展観で、琵琶湖固有の品種が絶滅の危機に瀕していることを知った。京料理でも珍重されている「ホンモロコ」や、日本の寿司の原型ともいえる〈鮒寿し〉の材料となる「ニゴロブナ」は減り続けているとあった。そしてその天敵となっているのが、外来魚。スポーツフィッシングと称して、琵琶湖に放されたブルーギルやブラックバス。獰猛な外来魚に掛かれば、日本の優美な湖魚など、ひとたまりもない。このままいけば、琵琶湖の生態系は破壊されてしまう。そんな怖れから、琵琶湖では、外来魚のリリースを禁止している文化を壊してしまう。遊び半分で始まった釣りが、近江、京都の食のだが、繁殖力の強い外来魚は、そんな程度のことでは減るどころか増える一方。外来魚駆除釣り大会なども開催されているが、それでも追い付かない。ならばいっそ食ってやろう、というのが、このミュージアムレストランの狙いだ。

　世にも珍しいバス料理は、意外にも和風の味付け。おそるおそる試してみたのは「バ

ス天丼」八百八十円也。見た目はちょっとヒレカツ風だが、口に入れると白身魚の天麩羅そのもの。スズキ系だというバスは実に淡白な味わいで、微かに川魚っぽい香りが鼻先をかすめるが、黙って出されれば、誰もが海の幸だと思うだろう、クセのない味。モロコを守るためなら喜んで食べようではないか、という味わいで、意外にもすんなりと口に合った。

いきなりそこまでは、と尻込みする向きには、バスの天麩羅が入った「近江御膳」が最適。松花堂弁当箱に、鴨ロース、ゴリ、ヒレカツなどが品よく収まっている。それすらダメなら、「近江牛コロッケバーガーセット」という変わり種ながら、魅力的なメニューもある。京都では決して味わえない地場の料理、足を伸ばした甲斐があるというもの。

近江、わけても湖東には旨いものが目白押しなのだが、夏のお奨め、草津に限っての美味をいくつか。

草津といって、関西人なら誰もが思い浮かべる味といえば**「うばがもちゃ本店」**（地

「バス天丼」

第四章　夏の足伸ばし

図K-b�51の「うばがもち」にとどめをさす。「うばがもち」は、姥が餅である。話は戦国時代まで遡る。近江源氏である佐々木一族は、信長に滅ぼされ、散り散りになった。その中に三歳になる佐々木（六角）義賢の曽孫もいた。義賢は臨終の際にその幼児を心より託せる人がいなかったので、乳母を招き、後を託し、息を引き取った。乳母は約束を守り、故郷草津に身を潜め、幼児を抱いて、餅をつくっては売り、養育の資として質素に暮らした。そのことを周囲の人たちも知り、乳母の誠実さを感じて、誰いうことなくその餅を「姥が餅」と言った。

餅、餡子で姥の乳房を表した愛らしい菓子は素朴な味わい。ひと口にも満たない小振りな大きさが、今の時代にふさわしい。スイーツということばから遠く離れた和菓子は、いかにも宿場町の名物。

「うばがもち」

「近江ちゃんぽん」と「あおばな」

スイーツと並んで、今人気の〈食〉といえばB級グルメ。麺や丼。ひと皿完結主義のローカルフードは、おひとりに

もぴったり。日本各地の精鋭が競い合うB級グルメの一角に食い込んでいるのが「近江ちゃんぽん」だ。「草津」駅東口の目の前に店がある。

ちゃんぽんといって誰もが思い浮かべるのは「長崎ちゃんぽん」。一見したところ、さほどの違いは見受けられないが、食べれば一目瞭然。まったく別の食べ物だ。

出汁は完璧に和風。あっさりしたスープにたっぷりの野菜が胃に優しい。塩味かといえば、そうでもなく、醬油味かというと、そうも思えない。濃いめの吸い物、もしくは二日酔いの朝には恰好の麺。クセになる味とはこういうスープのことをいうのだろう。

彦根が発祥だという**「ちゃんぽん亭総本家」**(地図K-b㊾)は滋賀県各地に支店があり、どこも大勢の客でにぎわっている。

中華風のうどん出汁。

「近江ちゃんぽん」と炒飯のセット

半分ほど食べたところで、カウンターに置かれた酢を入れるのがこの店流。たしかに味がまろやかになり、また箸が進む。と、しかし僕はここではたと思いつく。もうひと

第四章　夏の足伸ばし

味加えてみよう。ラー油である。店のメニューでは二段階変化だが、ラー油を加えることで三段階の変化を愉しめる。まるで名古屋名物「櫃まぶし」のように。

あんかけ、激辛、味噌と、ちゃんぽんのバリエーションは豊富にある。僕のお気に入りは「カレーちゃんぽん」。ほどよい辛さと香ばしさで、あっという間に食べ終えてしまう。

サイドメニューの炒飯や唐揚げも侮(あなど)れない。半炒飯と、半ちゃんぽんのセット八百八十円が一番のお値打ち。誰もがちゃんぽんを、近江の名物と認める日も近い。

草津といって、もうひとつ。忘れてならないのは「あおばな」。

「あおばなほうじ茶」ペットボトル

古く万葉の頃、大陸から琵琶湖を通って、この地大津京に運ばれ根づいた「あおばな」は長い歴史を持つ。目の覚めるようなコバルトブルーの花は、染物の原料として珍重された。平安の都でも青、紫は貴族の印であったから、都人は競ってこの「あおばな」を手に入れたという。露草、青花、月草として歌に詠まれた。

時代は移り江戸前期、京都で宮崎友禅斎が始めた友禅染の下絵材（青花紙）として使われるに至ったのは、ひとえにその発色の良さ。水に溶けやすく色鮮やかな「あおばな」は一躍、草津の一大産物となった。

明治後期から昭和初期にかけて最盛期を迎えた「あおばな」栽培も、時代の波とともに衰頽の一途を辿り、絶滅の危機に瀕したが、平成の今日再び「あおばな」が脚光を浴びることになったのは、その成分が健康食品としての要件を満たしていたからである。薬事法の問題で、効能として謳うことこそできないが、血糖値の上昇を抑え、抗ウイルス作用があり、ダイエットにも効果的であるともいわれている。

その「あおばな」を使ったお茶がペットボトルに入って、草津で売られている。草津へ来たなら一度は飲んでみてほしい。薬草のような苦みも臭みもなく、すっと喉を通るお茶は、飲んで美味しい。日本にはまだまだ知らないものがたくさんある。「あおばな」がそれを教えてくれているようだ。

第四章　夏の足伸ばし

三　鮎を求めて夏の小旅

レンタカーで鯖街道へ

琵琶湖南岸から離れ、次は☆☆☆の鮎に出会う旅を。

三つ星の鮎を堪能しようとすれば、京都から少しばかり足を伸ばさなければならない。いや、少しとは言い難い。かなり遠出をすることになる。だが、これを旅と捉えれば、また別の愉しみが生まれてくる。

洛中から洛北を越え、鯖街道を遡る。鯖街道とは、古く若狭の海で揚がった魚、主に鯖を都まで運んだ道筋をいう。

「京は遠ても十八里」。鯖街道の起点、若狭小浜の石碑にそうあるから、概ね七十キロほどの道程だった。時速四キロで歩いたとして、丸一日を要しただろうことは想像に難くない。途中で一泊するために宿場がいくつかできた。京都、若狭、近江にまたがる地、葛川もそのひとつ。葛川は鯖街道のちょうど半ば。となれば九里、三十六キロくらい洛中からは離れているということ。この葛川に目指す鮎の名店がある。

洛中から三十六キロとなれば、ちょっとした旅。京都に来て、京都から旅に出る。これもまた愉しからずや、だ。

アクセスは大きくふたつ。ひとつは路線バス。鯖街道の終点、「出町柳」からわずかに一日二本だが京都バスが出ている（三月半ばから十二月半ばの土日、および盆時期のみ）。「朽木学校前」行きに乗っておおよそ一時間で「坊村」というバス停に辿り着く。そのすぐ前にあるのが**比良山荘**（ひらさんそう）（地図K㊸）。京都は無論、大阪、神戸から鮎好きが季節になると、足繁く通う店である。

一日二本のバスは主に山登り客の足なので、出発が早い。七時四十五分に「出町柳」を出て、八時四十一分に「坊村」に着く。鮎を食べるにはいかにも早過ぎる。二本目は十四時五十五分発と、遅過ぎる。当たり前のことだが、鮎を食べる客のために組まれた時刻表ではない。タクシーを奮発すれば数千円。往復一万円を超える。

ここで浮かび上がるのが、もうひとつの選択肢、レンタカーだ。コンパクトタイプのレンタカーだと、十二時間借りて数千円。タクシー片道分で事足りる。レンタカーのもうひとつの利点は、この店だけでなく、周辺の観光をも兼ねられることだ。

朝一番に借りれば夜までたっぷり使える。鯖街道を遡って若狭小浜へ行ってから、昼

第四章　夏の足伸ばし

に戻って、「比良山荘」で食べる。そして腹ごなしに店の近くを散策するのがいい。

比叡山の阿闍梨さまの修行、千日回峰行と繋がりの深い「明王院」(みょうおういん)(地図K)がすぐそばにある。

この寺の夏の行事が「夏安居」(げあんご)。夏の安居。安居とは、修行僧たちの集団修行をいい、荒行の途中の阿闍梨さまはこの葛川の地を訪れ、「明王院」に参籠する。夏安居は七月十六日から二十日までの五日間にわたって行われ、百日回峰行、千日回峰行の行者(ぎょうじゃ)によって、滝修行や断食修行などが古来の作法に則ってなされる。百日回峰行は葛川での夏安居に参加しなければ満行とは認められないという。

七月十八日の深夜には、ハイライトともいえる「太鼓回し」という行事が行われる。これは、この寺の開祖ともいえる相応和尚(そうおうかしょう)が滝壺に飛び込んだ故事に因んだ行事。滝壺になぞらえた大太鼓に、行者が次々と飛び乗り、飛び降りるもの。勇壮といえば勇壮だが、一見ユーモラスにも見える。

洛中ではコンチキチン、祇園囃子が響き渡るが、都を遠く離れた葛川では、こんな行事が行われている。ここは行政区としては滋賀県に属するが、どこかしら、都の空気を漂わせている。

これぞ三つ星の鮎

「比良山荘」は、もともと料亭ではなく宿である。つまり泊まれるわけだ。「明王院」の「夏安居」を観るならここに泊まるのもいい。鮎をたっぷりと食べ、夜更けて午後十時も回った頃から始まる行事「夏安居」を見物していると、山中から物の怪が出てきそうなほど、妖しい幽玄の世界に引き込まれる。山鉾巡行を見届けて、鯖街道を遡るのが真の京都通。

さて「比良山荘」の鮎。これはもう、食べてみないと分からない。鮎の塩焼きというのは、こんなに旨いものなのか、と食べるたびに改めて感じ入る。それほどに旨い。大きさといい焼き方といい、これ以上は望むべくもない。最上級の味わい。足を伸ばす価値は十二分にある。

夏から秋限定の、その名もずばり、「鮎食べ」コースがいい。鮎の熟れ寿しや、アマゴや川ゴリなど、山里の恵みを品よく盛った「八寸」から始まり、定番「鯉の洗い」に続いて、メイン料理、若鮎の塩焼きが笹を枕にして並ぶ。手摑みに限る。頭からがぶりとやる。しっかりと火が通っているから、骨も頭もすべて食べられる。一瞬、青い香り

が通り過ぎ、はらわたの苦みが舌に染みわたる。二匹、三匹はあっという間。自然と顔がほころんでくる。

どんなに幸せかといえば、これが実は不幸なこと。一旦これを味わってしまうと、他で鮎を食べる気がしなくなるからだ。鮎そのものもだが、店の中を流れる山里の空気、適度に雅な器遣いや設え、そして何より、緑豊かな眺め。

夏の幸、鮎を食べるにこれ以上のシチュエーションはない。〆の鮎めしを食べ終えて、さて来年の予約を。いやいや、落ち鮎を愉しみに秋口に再訪を、となるのが「比良山荘」の帰り際。京都旅のもうひとつの愉しみである。

第五章

京の夏泊まり

進化する宿は「女性」と「おひとり」に優しい

京都のみならず、旅をしようとして目的地が決まれば、まず最初に決めるべきは宿の選択。ホテル、旅館、それぞれに良さもあり、難点もある。旅の目的、連れ合いに合わせて選べばいいのだが。

今、宿はどんどん進化し、かつ多様化している。その最たる理由は女性の社会進出である。「女性も」という社会から、「女性が」に変わりつつあるのだが、それをいち早く察知し、対応しているのが宿泊業界。

日本旅館はホテルに先んじて動いた。女性向けのプランを作り、かつては男性用と比して圧倒的に狭かった女性用大浴場を男性用と逆転させてしまった宿も少なくない。ついには女性専用の日本旅館まで誕生するに至り、今や日本旅館の主たる客は間違いなく女性である。

宿の中で出遅れた感があるのはビジネスホテル業界。オジサンを相手にしていればよかったのが、キャリアウーマンの出張が増え、女性ひとり客への対応を迫られてきた。オジサンは我慢強い、というより無頓着だ。自ら愛煙家だから、部屋が煙草臭かったとしても気にならないし、シャンプーだって「あればいい」という程度。一日中仕事で

第五章　京の夏泊まり

歩き回って、打ち上げでさんざん飲んで酔っ払って部屋に戻ってくるのだから、眠れればいい。細かいことにはこだわらない客を相手に、狭かろう、安かろうで、長らく安泰だった。

ところが、女性の目は厳しい。五感をフル動員して、ホテルの良し悪しを一瞬で見抜き、口コミやブログでそれを仲間に伝える。いいホテルには客が集まり、ダメなホテルは閑古鳥が鳴く。その決定権は女性が握っているといっても過言ではないのが、今のホテル業界だ。

女性が喜んで泊まるようなホテルにすべきなのだが、時折り勘違いしているところがあるのもまた事実。壁紙をピンクに換えて、とりあえずのアメニティを揃えてプレゼント。そんなことに釣られるほど女性客は甘くない。たくさんの柄の浴衣を用意して、それを選ばせることが女性向けの最大のサービスだと勘違いしていた日本旅館と同じで、女性をステレオタイプで捉えてしまうと必ず失敗する。

女性宿泊客が宿を選ぶときのポイントは大きく三つ。一にセキュリティ、二に清潔感、三に設備の充実。狭いエレベーターで怪しげなオヤジから好奇の目で見られたり、シャワーカーテンがカビ臭かったりすれば、それだけでもう失格。

女性客を意識する宿の、もうひとつの特徴は、ひとり客をも大事に扱うことだ。なぜなら、これから先、宿泊業の盛衰を左右するのは「女性」と「おひとり」だからである。これと真逆の「男性」「団体」を主たる客として営んできた宿が軒並み苦戦していることからも、これは明らかなこと。

つまりは、女性のおひとり客が、安心して、快適に泊まれる宿だけがこれから生き残っていけるというわけだ。そういう視点で選んだ宿で、かつ、夏にこそ泊まりたいところを何軒かご紹介しよう。

一 近江泊まりの利便性

かつて拙著『おひとり京都の愉しみ』で広域京都泊まりをご提案したところ、多大な反響があったという。大阪、滋賀のホテルには問い合わせが相次ぎ、ならばと「○○に泊まって京都に行こう」という宿泊プランまで作られたと聞いた。

トップシーズンには宿不足が顕著となる京都。大阪、滋賀の近府県ならたいてい空室がある上に、京都市内に比べれば圧倒的に安い。閑散期ならともかく、繁忙期に無理や

第五章　京の夏泊まり

り京都に泊まらずとも、充分京都は愉しめるはずだ。では夏はどうだろうか。分けて考える必要がある。春と秋はずっとオンシーズンとなるが、夏はピンポイントでトップシーズンにも、オフシーズンにもなるからだ。

たとえば七月を見てみよう。この月、トップシーズンになるのは祇園祭のハイライト、十四日辺りから十七日まで。これに週末が絡めば、とんでもない混みようになる。平成二十七年を例に取れば、宵山の十六日が木曜、山鉾巡行の十七日は金曜になっている。となれば当然ながら十五日の水曜から土日をはさんで二十日の海の日までは超が付くほどの繁忙期になる。この間、京都市内のホテルを取るのは不可能に近い。取れたとしても普段の倍はおろか、三倍近い価格になっても文句は言えない。需要と供給のバランスとはそうしたものなのだ。

もしもこの夏、祇園祭を観ようとして京都を訪れるなら、大阪、滋賀のホテルに泊まることを強くお奨めする。せっかくの京都なのに、と思われるかもしれないが、近江や大阪に泊まって、京都へ観光に出向くというのも、それはそれで愉しいもの。京都をまた別の角度から眺めることもできる。ましてや京都リピーターを目指すなら、これが一番の近道である。

[ホテルボストンプラザ草津]

近年、僕がミステリー小説執筆のために自主カンヅメをしていたホテルが、「**ホテルボストンプラザ草津**」(地図K-b)である。ここなどは穴場中の穴場。京都旅に必ず覚えておいてほしいホテルだ。

滋賀県草津市。草津といえば、関東人には草津温泉のイメージが強いだろうが、近江草津はかつて、東海道と中山道が交わる重要な宿場町だった。つまり草津に泊まるというのは昨日今日のことではなく、長い歴史があることなのだ。

とはいえしばらく忘れ去られていた恰好の草津。ここは近年、京阪神のベッドタウンとしてにわかに脚光を浴び、急速に人口が増えてきた街でもある。僕がお奨めするに至ったのはここに理由がある。

人口が増えるということは、当然ながら街に活気が生まれ、商店が増え、アクセスも整備される。つまりは便利になるということ。京都旅の宿を他地域に求める際、最低にして最大の条件は「便利さ」なのだ。

JR東海道線(琵琶湖線)。「京都」駅から新快速に乗ると、わずか二十分ほどで「草

第五章　京の夏泊まり

津」駅に着く。各駅に停まる普通電車でも二十五分ほど。いずれかが数分置きに出ているからありがたい。待つのが苦手な僕には最適のダイヤ。

「草津」駅は東と西の出口に分かれ、コンコースから見ると、東口、西口、どちらにも洛中には見られない高層タワーが聳え立っている。思ったより草津は都会なのだ。西口の目の前にあるのが「ホテルボストンプラザ草津」。電車を降りるとすぐ目に飛び込んでくる。改札口のある二階から、西口の南側にあるエスカレーターを降りて、ロータリー沿いに歩くこと二十秒。ほとんどが屋根付きの道なので、よほどの嵐でもない限り傘を持たずに、チェックインできるのはありがたい。

ここまでさらっと読み流されたかもしれないが、実はこのアクセスの良さは特筆に値する。京都観光にかなりの威力を発揮するのだ。

JR「京都」駅から公共の交通機関を使って、約二十分で、しかも傘要らずでチェックインできるホテル。京都の市内にだって、そうそうあるものではない。

たとえば京都でも人気の高いBホテル。ここにチェックインしようと思えば、まずは地下鉄烏丸線に乗って「烏丸御池」まで行く。ここまでの乗車時間が六分。そこから歩いて地上に上がり、ホテルのシャトルバスに乗り換えて七分。乗り換え時間を含めると

二十分は軽く掛かる。しかもバスは二十分置きにしか来ない。

あるいは老舗ホテルＷ。「京都」駅からのシャトルバスは三十分間隔。地下鉄で行くとなれば、烏丸線、東西線を乗り継いで、乗車時間だけで十三分。乗り換え、駅からの徒歩を加味すれば二十分で辿り着くのは難しい。

京都は街の景観を保存するためもあって、公共の交通機関が他都市に比べて相当弱い。縦横二本の地下鉄と、後は路線バスに頼っているのが現状だ。京都はチンチン電車発祥の地。ＬＲＴ（次世代型路面電車）を含めて、交通網の整備は急務だと思うのだが、官民とも、切迫感に乏しいのはなぜなのか。このまま放置すれば、アクセスのいい他都市に宿泊客を奪われるのは自明の理だ。路線バスの最大の敵は渋滞。観光シーズンのみならず、定時に運行されることのほうが少ないのが恨めしい。

──待てど暮らせど来ぬバスを──。宵待ち草ならぬ、人待ちバスだ。

話を草津に戻す。

四季を通じて人気の高い景勝地、嵯峨嵐山を訪ねようとして、では草津からだとどんなアクセスになるのか。これが実にシンプル。ＪＲを乗り継ぐだけで、いとも簡単に嵐山に行けてしまいそう。実際に検証してみよう。

第五章　京の夏泊まり

朝九時五分「草津」駅発の新快速電車に乗れば、九時二十七分に「京都」駅に着く。九時三十八分発の山陰線（嵯峨野線）で「嵯峨嵐山」駅着は九時五十三分。最低限の乗り換えで、すんなりと嵐山に辿り着ける。何より、渋滞知らずだから、時間が読めるのがありがたい。

では、先のBホテルで比較検証してみよう。ホテル出立時間はほぼ同じ。九時十分ホテル発のシャトルバスに乗れば九時十七分に「烏丸御池」に着く。乗り換え時間を考えると厳しいが、最速でも九時十九分発の地下鉄東西線に乗る。「二条」駅着が九時二十三分。山陰線は九時四十四分発。つまりは先述の「京都」駅発と同じ列車だ。そう、草津からでも、市内のBホテルからでも「嵯峨嵐山」駅に着くのは同時刻なのだ。距離からすれば圧倒的に不利な草津だが、同着になるのは、ひとえにアクセス至便ゆえのこと。

駅から近くアクセスがいい。無論それだけでこのホテルをお奨めしているのではない。居住性、接客などなど、ホテルそのものも秀でているからのご紹介である。駅から歩いて一分弱。レンガ造りのホテルに入ると一階はレストラン。朝昼夜といつもにぎわっている。エスカレーターで二階に上がるとすぐ横にフロントデスクがあり、

自動演奏のピアノが迎えてくれる。宿泊カードに記入していると、おしぼりが出される。これはいいアイデアだ。日本ならではのもてなしに、ほっこり和む。エレベーターで七階へ。案内されたのは716号室。デラックスシングルだ。

広さは二十平米。ベッドは百六十センチ幅のダブルサイズ。壁付けの液晶テレビは三十二インチ。窓も大きく取られ、明るい部屋だ。何より嬉しいのは超ロングサイズのデスク。仕事環境としては申し分ない。つまりはそれくらい使い勝手がいいということ。

静音冷蔵庫には草津名産の「あおばな茶」のペットボトルが入っていて、インスタントコーヒー、ティーバッグも付いている。バスルームのアメニティには入浴剤、スポンジタオルもあり、中々の充実度だ。

前章でも紹介したように、血糖値の上昇を抑えたりダイエット効果もあるといわれている「あおばな」のほうじ茶が無料で飲めるのはありがたい限り。これぞホスピタリテ

「ホテルボストンプラザ草津」の客室

ィである。

ホテルサイトのネット予約だと、この部屋で七千五百円から九千円の価格幅。リーズナブルといっていい値段だ。ちなみに十六平米のシングルルームなら六千五百円から八千二百円という価格帯。同じレベルのホテルで、京都市内と比較すると格安料金だ。加えてこのホテルには一階に二十四時間営業のコンビニがあり、何かと便利。竹炭を使って消臭したり、BGMにヒーリングミュージックが入っていたり、シモンズベッドや3Dフィットの羽毛布団を採用したり、と快適、快眠への気配りが怠りないのもありがたい。女性、おひとり、カップル、誰にでも安心してお奨めできるホテル。

夏の京都旅を計画しているなら、早めに予約を入れておきたい。

【琵琶湖ホテル】

「**琵琶湖ホテル**」（地図K-b）の特色は何といっても天然温泉の存在。ホテル四階にあり、「るりの湯」と名付けられている。小さいながら露天風呂も付いていて、湖を渡ってくる風を感じながら温泉を満喫できる。五階以上の客室に泊まれば、浴衣掛け、スリッパのまま「るりの湯」まで行くことができるのもありがたい。

最寄りの駅は「浜大津」駅。京都市内から地下鉄東西線でアクセスできる。レストランも充実していて、夏限定の屋上レストランも愉しい。涼風を頬に受けながらのガーデンバーベキューは、リゾート気分満点。ひと味違った京都旅になる上、琵琶湖を眺めるガーデンプールもあって、夏遊びには事欠かない。子供連れならなお一層、広々とした客室からは港に出入りする船を見下ろせる。第四章で書いたミニクルーズの足場としても最適のホテルだ。

[ホテルテトラ大津・京都]

便利さからいけば滋賀県随一といってもいいのが**「ホテルテトラ大津・京都」**（地図K-b）。JR「大津」駅の南口に直結した出入り口があり、エレベーターに乗れば一分と掛からずにチェックインできる。六月の平日なら、十六平米のシングルルームに六千円以下で泊まれるのも魅力。「京都」駅から「大津」駅まではわずか九分。京都市内といってもいいくらいだ。

第五章 京の夏泊まり

リゾートホテル

「ロイヤルオークホテル スパ&ガーデンズ」(地図K-b)は、どちらかというとリゾートホテルという位置付け。シングルルームはないので、ひとり旅の場合はツインルームのシングルユースになるから、ビジネスに比べて割高になるのはやむを得ないところ。カップル泊まりが基本のホテルだ。それでも、トップシーズンの京都泊まりに比べればリーズナブル。夏の水辺という余禄を考慮すれば、夏の京泊まり、筆頭候補に挙げてもいい。

このホテルも「琵琶湖ホテル」と同じく、屋外レストランがあるので、浜風を浴びながらバーベキューを愉しめる。最低でも四十五平米という広い部屋、充実したアメニティ、七箇所あるレストラン&バーと充実している。京都旅のついで以外にも、しっかりと琵琶湖旅の宿として泊まりたい。

他にリゾートホテルタイプの宿としては、**「大津プリンスホテル」**(地図K-b)もお奨め。

近江に泊まって、京都に遊ぶ。第四章で述べた「琵琶湖逍遥」と併せて、夏ならではの新たな京都旅をご提案する次第。

二 涼やかな日本旅館

花背の山里「美山荘」

狭いようでいて広いのが京都。雅な空気が漂う洛中から北へ、一時間ほど車を走らせてもまだ京都市左京区だ。

「京都」駅からなら、まず目指すのは「上賀茂神社」。京都三大祭のひとつである「葵祭」の祭列はこの社を目指す。ここでも既に洛中からはかなり離れているが、宿への道程はまだまだ遠い。山を越え、天狗を相手に牛若丸が修行を積んだ鞍馬山を越える。つづら折りの山道を奥へと分け入り、ようやく辿り着いたのは「花背」の里。雅とは無縁の鄙びた山里には茅葺の民家が点在し、はて、こんなところに本当に名旅館があるのだろうか。初めて訪れた客は誰しもがそう思う。

そんな鄙びた山里をも過ぎ越し、やがて修験道の霊場として知られる「峰定寺」の道標に出会う。平安末期創建の、この寺の宿坊として明治の中期にスタートしたのが「美山荘」（地図K）だ。宿坊から名旅館へと変身させたのは三代目に当たる先代主人。

第五章　京の夏泊まり

「摘草料理」を発案し、鄙びた山里の料理に洗練の技を加え、一躍その名を全国に轟かせる宿となった。

緑濃き古寺からは、涼やかな風がそよそよと吹いてきて、ここが山深い里であることを教えてくれる。

もしも都の公家たちがこの里に隠棲したなら、きっとこんな暮らし振りだっただろうと思わせる、そんな設えが美しい。重厚な玄関を持つ母屋にも、軽やかな数寄屋造りの別棟にも、たっぷりと野の花が活けられ、そこかしこに配された調度も風雅な空気を漂わせる。「野遊び」という言葉が頭に浮かぶ。ただ鄙びただけの田舎ではなく、そこに都の文化が加わることで、「雅」とは一線を画す「軽み」が生まれ、それは無論、料理にも相通じる。

山里の四季は、洛中のそれと比べて、輪郭がくっきりと際立つ。「美山荘」の料理は細やかな四季の移ろいを見事なまでに器に描き出す。

春。厳しく長い冬を過ごした里は、わずかばかりの春の兆しを尊び、その喜びを素直に表す。たとえば嫁菜の若葉や蕗の薹など、冬から目覚めるための苦みを湛えた食材が顔を出す。

そして夏。鮎や天魚に岩魚。清流を泳ぐ川魚たちが、短い山里の夏を謳う。

無論、流通事情が格段に進歩した今では、鱧やグジなど、京都らしい海の幸も膳に上るが、そこはやはり鄙の里らしく、素朴な味わいを残し、華美な盛り付けは排している。温泉ではないが、よく手入れの行き届いた風呂には、すぐ傍の寺谷川の清水が張られ、清流を見下ろしながらに湯浴みができる。静寂に包まれた宿での一夜は身も心も綺麗に洗い流してくれる。

洛中の暑さもこの花背の里までは届かない。

わずかな期間ではあるが、運がよければこの宿に泊まって幽玄の世界に遊ぶことができる。

夜八時。食事を終えて、満ち足りたひとときを過ごしていると、宿から声が掛かり、泊まり客は玄関先に集合する。マイクロバスに揺られること十分ばかり。山中の小高い木の前で車を降りる。当然ながら民家もなく、月明かりだけが頼りの暗闇。ようやく闇に目が慣れてきて、木を見上げて誰もが息を呑む。蛍火が明滅しているのだ。それも半端な数ではない。蛍は一斉にその尾を光らせるのだが、光ると辺りが明るくなる、それほどの群舞なのだ。大袈裟にいえば、文字が読めるほどの明るさ。

第五章　京の夏泊まり

僕が体験したのは、たしか七月の初め頃だったと記憶する。この世のものとは思えぬような幽玄の世界。体験したい向きは、必ず宿に問い合わせを。

三　片泊まりの宿

いっときはブームの様相を呈していたので、天邪鬼な僕はあまり拙著で触れてこなかったが、京都ならではの宿として、片泊まり宿に泊まるというのも悪くない選択肢。「片」は片方の「片」。すなわち、夜と朝のうち、片方の朝だけを食べることから付いた名だ。無論、頼めば仕出しの夕食を出してくれるし、これもまた京都ならではの風情。底冷えの冬には隙間風に身を縮めるが、夏なら逆に、風が通って心地いい。昼間は遊びまわって、夜はお気に入りの店で食事をする。宿に戻るとほんわか布団が待っている。
明けて翌朝は、宿とっておきの朝食に舌鼓を打つ。そんな片泊まりの宿。
ホテルか旅館か。京都で泊まるときには悩ましい問題となる。そしてその選び分けを大きく左右するのは「食」の問題だ。
あの店であの夕食を食べたい、という願いがあるなら間違いなくホテル。基本的に日

本旅館は一泊二食という形で料金を設定しているから、必然的に夕食は旅館で食べることになるからである。

無論これまでに挙げた旅館なら、下手な「京料理」店に行くより、はるかに上質な料理が食べられるのだが。

日本旅館でもっとも魅惑的なのは朝食。朝風呂を浴びて、浴衣姿で座敷に座り、庭を眺めながら、はんなりした朝ご飯を食べる。これぞ旅館の醍醐味だ。

夜は好きな店に行って夕食を摂り、朝は旅館ならではの朝ご飯を愉しむ。ホテルと日本旅館のいいとこ取りをする、そんな贅沢を味わえるのが「片泊まり」の宿。

元は、祇園辺りの花街で夜遅くまで遊んだ旦那衆が、家に帰るのも面倒だとばかりに、旅館に泊まり、朝ご飯だけを作って貰ったのが始まりと伝わっている。つまりは旦那遊びの片鱗を窺えるという愉しみもあるのが「片泊まり」宿だ。

そんな過程を辿ってきたゆえ、ほとんどの「片泊まり」宿は花街の中にあるか、もしくは隣接している。

[三福]

第五章　京の夏泊まり

一番のお奨めは先斗町の中ほどにある「三福」(地図B)。京都には五つの花街がある。祇園甲部、祇園東、宮川町、上七軒、そして先斗町。それぞれに異なった空気が漂うが、鴨川に沿ってお茶屋や飲食店が居並ぶ先斗町は、どちらかといえば開放感があり、取っつき易い。

車も通らない細い路地。三条から下り、「先斗町歌舞練場」の南側に建つ「三福」は築九十年を超える古い町家だ。間口の狭さからは考えられないが、先斗町から鴨川まで続いているのだ。

「鰻の寝床」は、鴨川を見下ろす二階の八畳間がお奨め。京の町家らしい

「三福」

まさかこんな景色を望めるとは。「三福」に泊まった客は、鴨川を見下ろしながら決まって溜め息を漏らす。三条に近い先斗町にあって、わずかに三室のみという小さな宿。眺めのいい、二階奥の部屋を早めに予約したい。

「先斗町歌舞練場」からすぐ、情緒漂う石畳の両側には、びっしりと店が並び、時折り行き交う舞妓姿

に、あちこちから歓声が上がる。そんな先斗町に宿を取る。何とも贅沢ではないか。そ れでいて、朝食付きで一万四千円から。実にリーズナブルである。京都に宿は数多くあれども、窓の向こうに鴨川が流れるところはそうそうない。さらには付かず離れず、ほどのいい接客。品のいい設え。何より選りすぐりの朝ご飯。「三福」の一夜はきっと京都の夏旅を彩ってくれる。

門限が二十三時なので早めに宿に帰り、ぐっすりと眠った後の朝食を愉しむ。湯豆腐、煮物、焼き魚、炊き立てのご飯。どれもがわざわざ食べに来たいほど美味しい。

「其中庵」「田舎亭」

片泊まりの宿の大きな特徴は、そのロケーションにある。先の「三福」が花街先斗町なら、「其中庵」(地図A-a)は祇園円山公園の最奥ともいえる山中にある。

祇園花見小路、祇園石段下、八坂神社、円山公園。四条通は、東に進むごとに、人波が少なくなり、龍馬像を過ぎ、「円山音楽堂」へと辿る南北の道筋と交差した後は、めっきりと人影が減る。「大谷祖廟」を右手に見て、やがて突き当たりに「長楽寺」が見えてくる。建礼門院ゆかりの寺である。道筋はここで大きく左にカーブする。

第五章　京の夏泊まり

道なりに山手を上り、料亭「左阿彌」を過ぎれば、「其中庵」はすぐそこ。まさに「市中の山居」。祇園の喧騒がまるで嘘のように、しんと静まり返り、時折りその静寂を破るように、クマゼミの鳴き声が森にこだまする。

「もみじ」「さくら」「亀甲」。部屋は三つ。どの部屋に泊まっても、東山のふもとに佇む庵の風情は充分愉しめる。

夏の朝。ダイニングの食膳に上るのは京の夏野菜。冬瓜(とうがん)の葛煮。万願寺唐辛子の焼き浸し。山科茄子と南京の炊き合わせ。彩り豊かに朝餉の膳をにぎわせる。若狭鰈(かれい)と炊き立てご飯。至福の朝食は、片泊まり宿ならではだ。

「其中庵」

価格はといえば、朝食が付いて、概ねひとり一万円。これもまた充分にリーズナブルといえるだろう。

もう一軒のお奨めは祇園下河原。しっとりした情緒が漂う「石塀小路(いしべこうじ)」にある**「田舎亭(いなかてい)」**(地図B)。テレビのロケにも再三使われるほど、いかにも京の宿らしい雰囲気。ここもまた朝ご飯が美味しい。坪庭に面した一階の小部屋、路地を見下ろす二階の大

四 京都最新宿事情

「田舎亭」

部屋。離れにある四畳半の茶室。どの部屋も情趣に溢れる。夏の片泊まり宿として三軒をお奨めしたが、どの宿も、女将(おかみ)の人柄が滲み出る宿。旅人を優しく迎え入れ、かつ、京都が京都である所以を、それとなく教えてくれる。とりわけ、ひとり旅にはぜひ味わっていただきたい宿である。

他にも祇園の「紫」、黒澤明が愛した「石原」など、京都ならではの片泊まり宿もまだまだあるが、泊まったことがないので、詳細は不明。友人知人の泊後評は極めて良好なので、お奨めの宿に加えておくことにする。

カプセルホテル・アパートメントホテル

慢性的な宿不足に悩む京都に、近年新しいタイプのホテルが続々と誕生している。いわくアパートメントホテルにカプセルホテル。これらは既存のホテルにないシステムや

第五章　京の夏泊まり

フォルムで話題を呼んでいる。

カプセルホテルといえばウサギ小屋にも似て、〈泊まる〉という範疇には入らないのではと訝ってきた。息の詰まるようなミニマムスペースでリラックスなどできようはずもなく、よほどの非常事態でも発生しない限り、無縁の存在と遠ざけてきた。

しかし今どきのカプセルは既存のものとはまったく違うのだという。それはまるで飛行機のファーストクラスのようなものだと。

さてその使い勝手やいかに。生来、好奇心旺盛な僕は、京都旅に使えるのかどうか検証するという大義名分を携え、オープンして間を置かず泊まってみた。

カプセルタイプ。飛行機のファーストクラスを模したといわれても、利用したことがないので比較することもできないのだが、はたしてこれをリーズナブルといえるのかどうか。たしかに飛行機という限られた空間の中であれば、四平米は広いのかもしれないが、地に足のついたホテルではいかにも狭い。これでたとえば二千円くらいなら、非常手段として使えなくもないが、四、五千円と聞けば、大きな疑問符が付く。なぜなら今どき、ネットの宿泊サイトをうまく使えば、十五平米前後のビジネスホテルでも五千円出せば泊まれるからだ。

京都における近年のホテル事情は目まぐるしい変化を遂げている。外資系を中心として、高級ホテルが次々とオープンし、アッパービジネスという位置付けのホテルも、毎年増え続けている。にもかかわらず、春秋のシーズンだけでなく、夏冬のオフシーズンでも、慢性的な客室不足が続いている。

そして、まったく予想外だったのは、大阪の人気。USJに新たなアトラクションができたこともあり、大阪の宿が取れないから、仕方なく京都へ、というケースも出てきた。これまでとは逆である。

値ごろ感のあるビジネスホテルの需要はますます高まり、とりわけ京都駅の南側には続々と新しいホテルがオープンしている。

僕が定宿としている「ダイワロイネットホテル京都八条口」の近くには、「サクラテラス」、「ホテルエクセレンス京都駅八条口」、「グリーンリッチホテル京都駅南」など、新しいホテルが点在し、まだまだ増えそうな勢いである。

それでもホテルはすべて満室。やむなくカプセルホテルに泊まった、という声もよく聞くようになった。

だが、バス・トイレも共用ならスペースも最低限。たしかに目新しさはあるものの、

第五章　京の夏泊まり

ホテルに泊まり慣れた身に、カプセルホテルはいかにもキツい。ビジネス需要ならまだしも、観光で京都を訪れて、このタイプのホテルに泊まることはお奨めできないというのが、僕の結論だ。〈眠る〉ことにかけては高級ホテルに負けない〉というのが、ホテル側の売り文句だが、「眠る」というのは、ことではない。どんなにいい布団だったとしても、押入れの中で安眠できるはずがないと僕は思う。

一方でアパートメントホテル。こちらは前者と対照的に、広々とした部屋に充実した設備がウリだ。アパートメントという名が示すように、「住む」感覚で泊まるホテル。ミステリーを手掛けるようになってから、ホテルで自主カンヅメをして原稿を書く機会が増えた僕には、うってつけのホテル。興味津々でチェックインした。

二十五平米のダブルルーム。他のホテルと明らかに異なるのはキッチンだ。部屋に入ってすぐ、電気コンロ、ミニシンク、電子レンジ、トースター、ポットと一応の設備は備わっている。さらには鍋、フライパン、包丁に俎板、ざる、ピーラー、缶切りと調理器具が揃い、カトラリーと洋食器、箸、茶碗、グラス、カップに至るまでの食器も完備。たいていの料理ならできそうだ。と、しかし、ふと気になったのは、あまりにも日常と

近過ぎることだ。
 京都に住んで、時には気分を変えて、くらいならいいのだが、たまの京都旅で、この設備の備わった部屋に泊まって、どんな気分になるだろうか。どう使いこなすのだろうか、と考えるとこれもまた疑問符が付いてしまう。

 ──リタイアして五年と少し。夫婦揃っての京都好きとあって、季節が変わるたびに京都の街をふたりで訪れている。名だたる旅館はすべて制覇し、来るたびにホテルも変えて愉しんできた。アパートメントホテルができたと聞いて、すぐに飛び付いたのは夫のほうだった。
 錦市場でしこたま買い込んだ京野菜と京豆腐、さらには京湯葉。これらを炊き合わせようと夫が提案した。出汁の素、調味料も買い揃えた。鱧の照り焼きはレンジで温め直し、鯖寿司をフライパンで焼いて焼き鯖寿司にすればいい。きっとこれまでの京都にはなかった愉しい夕餉になる、固くそう信じた夫は、足取りも軽くホテルに戻った。妻はときどき溜め息を吐きながら、夫の後を追った。
「はい。炊き上がりましたよ」

第五章　京の夏泊まり

ソファに座る夫の前に鍋ごと置いた。夫は洋皿を取り皿にして早速煮物に箸を付けた。
「さすが京豆腐だな。この柔らかさといい、豆の味といい、最高だ。野菜がこれまた旨い。こんな料理、京割烹で食べたらいくら取られるか。次は鱧を温めてくれるかな」
妻は鱧の照り焼きをトレーのまま電子レンジに入れた。
「いやぁ旨いなぁ。さすが京都。どれを食っても旨い。しかもこれが自分たちで作った料理だってとこがミソだよな。なんだ？　さっきからずっと黙ってるけど、何かあったのか？」
「⋮⋮」
焼き鯖寿司をつまみながら夫が言う。
「⋮⋮」
チンと音が鳴り、無言のまま、鱧の照り焼きをレンジから取り出して妻が夫に手渡した。
「この鱧も美味しいよ。たっぷり食べられるのが嬉しいね。料理屋で食べてごらんよ。この半分の量もないよな。それでいて値段は十倍以上だ。凄いよな」
「⋮⋮」
「いや、このホテルはいいなぁ。これからずっとここにしよう。最高だ」

夫は相好を崩しっ放しだ。
「わたしはイヤです」
妻はきっぱりと言い切った。
「え? 今、何て言ったの」
「わたしはイヤです、って言ったの」
「なんで? なんでなの? こんなに愉しいのに。きみだって京都に住みたいって言ってたじゃないか。ここなら、手軽に京都に住んでる雰囲気を味わえるじゃないか。願ってもないホテルだと思うんだけどな」
夫には妻の気持ちがまったく理解できなかったようだ。
食事を終えて妻はまるで我が家のように、慣れた動きで台所に立った。
「なんだかまるで、我が家のようだね。いいよなぁ」
夫は上機嫌で器を下げ始めた。
「何がいいの?」
妻が洗いものの手を止めた。
「ん?」

第五章　京の夏泊まり

夫はソファにあぐらをかいて、テレビのお笑い番組に見入っている。
「だから、何がいいの、って聞いてるのよ」
「何がいいって。京都に我が家ができたみたいじゃないか。理想のホテルだよ」
夫は缶ビールのプルトップを引いた。
「京都に我が家？　我が家がそんなにいいなら京都まで来なくてもいいじゃないですか。なんで京都まで来て、料理を作って洗いものまでしなきゃいけないんです？」
妻は洗剤を染み込ませたスポンジを流しに投げつけた。──

こういう流れになるような気がする。
何も京都まで来て台所に立つなんて。たいていの女性はそう思うだろう。
旅は「非日常」でありたい、多くはそう願う。普段と違って、上げ膳据え膳だからこそ女性にとって旅は愉しいのだ。ホテルにチェックインしてすぐ、ベッドに仰向けにダイブするのはたいてい女性のほうだ。自分でベッドメイクしなくてもいい。それだけで快感なのだろう。
旅先のホテルではしたくてもできない、はずなのに、こんなホテルがあれば台所仕事

225

ができてしまう。できるのにやらない、となると、どこか気が引ける。こんな設備、余計なお世話だと思う女性がほとんどに違いない。ただ発想は悪くない。店で食べるのではなく、自分たちの手で京都の食材をなんとかしたい、そう願う旅人は少なくないはずだ。もし僕がアパートメントホテルを手掛けるなら、ワンルームマンションのようなキッチンは作らない。設えるのは鍋支度。電気グリル鍋、それに大皿と取り皿。箸とレンゲがあればそれで充分だ。

何も錦市場まで足を運ばなくてもいい。ご近所の商店街、たとえば「出町桝形商店街」（地図D）、「京都三条会商店街」（地図C）、「北野商店街」（北野天満宮近く）など、京都の街中には今も多くの商店街が健在で、魚屋、八百屋、豆腐屋と、ひと通りの店が並んでいる。そこで買い物をして夫婦二人で鍋を囲む。これなら喧嘩にならないだろう。活け鱧を鍋用に切ってもらい、水菜、油揚げ、鍋用の出汁を買って適当に鍋に入れればいい。包丁などなくとも、水菜も油揚げも手でちぎれる。所詮ごっこだから、それでいいのだ。

それより大切なのは京都ならではの旅時間である。昼間見てきた神社仏閣のこと、散歩道、お昼ご飯。デジカメの映像を見ながら、今日一日を振り返る。そして明日の計画

第五章　京の夏泊まり

を立て、想いを馳せる。京都を訪れて、本当に旨いものを食べたいならやはり自炊ではなく、店を訪ねなければ無理だ。あくまで目先を変えて、〈ごっこ〉だと割り切るなら自炊設備は最低限でよし。観光で訪れる京都のホテルにキッチンはいらない。僕はそう思う。

五　温泉付きのお奨めホテル

[ドーミーインプレミアム京都駅前]

JR「京都」駅から歩いて五分と掛からないアクセス至便な場所にあるのが「ドーミーインプレミアム京都駅前」（地図G）。

ドーミーインホテルチェーンの新展開で、二〇一〇年四月オープン。通された419号室は塩小路通に面している。さほど広い通りではないので、向かい側のビルが気になるといえば気になるが、駅に近いホテルの便利さを優先すれば、やむを得ないところ。この部屋の一番の特徴はバスタブがないこと。部屋に入ってすぐ、洗面台があり、その横のドアを開ければ、トイレとシャワーブース。コンパクトなスペー

スになっているのには訳があって、それは最上階に温泉大浴場があるからなのだ。つまり、ゆったりと湯に浸かりたければ温泉に行く。さっと身支度を整えるなら、部屋のシャワーを使う。最近のビジネスホテルに増えてきた傾向である。

チェックインしてまずは温泉に入ってみた。一番風呂の気持ちよさもあったのだろうが、それにしても快適な風呂だ。大き過ぎず、小さくもなく、ほどよい広さが身体をゆるゆると緩めてくれる。オープンエアの露天風呂にまずは身を沈める。驚いたのはその泉質。ぬるりと身にまとわり、しかし上がり湯をすると、さらりと、つるりと肌が滑る。目を遣るとそこには京都駅ビル。不思議な感覚だ。どれくらいの深さまでボーリングしたのか分からないが、これほどの温泉が「京都」駅の傍に潜んでいたとは。

洛北大原、洛西嵐山、近年京都は、新たな観光資源を求めて、温泉掘削に力を注いだが、その結果はといえば、期待を上回るものではなかったと聞く。さもありなん。京都と温泉は、さほど相性がいいとは思えなかったのだが、このホテルの湯に浸かると、認

「ドーミーインプレミアム京都駅前」

第五章　京の夏泊まり

識を新たにするべきと思わざるを得ない。それほどに、いい湯だ。ホテル自体が比較的新しく、かつチェックインしている客が少ない時間帯だったせいもあるのだろうが、三時過ぎに入って、一時間近く経ってもまだ貸し切り状態。いくつかの湯船を行ったり来たりしながら、サウナにも入って、京の温泉を満喫したのであった。

湯上がり、部屋でひと休みして、さて夕食は誰もがお目当ての店に持ち、そこに足を運ぶことだろう。祇園、四条、先斗町。西陣もまたよし。満ち足りた夕餉の後に再び駅前のホテルに戻る。と、ここで、このホテルの立地が腹の虫を鳴かせる。塩小路河原町、第三章で触れた通称「たかばし」、京都ラーメンの総本山だ。

「本家第一旭」と「新福菜館本

客室

露天風呂

「たかばし」の二店舗

店」が並んでいる。それぞれに信者が居て、喧々囂々だが、僕の好みは「新福菜館」。中でも炒飯とのセットが学生時代からのマイベストメニュー。還暦を過ぎた今も、きれいさっぱり平らげられる。

これほどの充足感があるだろうか、そう思いつつホテルに戻る。京都ならではの美味を味わい、〆に「新福菜館」のラーメンと炒飯を堪能した後には、もう何もいらない。と、フロントを通れば、そこに「夜鳴きそば」の文字が。なんと、このホテルでは、夜食のラーメンをサービスしているのだ。嗚呼。なんという偶然、悲劇。ラーメンのサービスがあると知っていたなら……、そう思っても後の祭り。悔し涙を流しながら、部屋に戻ったのであった。

広過ぎず、狭過ぎず、頃合いの客室。第三章で詳述したように、恰好の朝食が食べられる。今イチオシのホテルである。

おわりに

　京都を訪れて、祇園を知らない人はいないだろう。誰もが一度は足を踏み入れているはずだ。だがその季節がいつだったかによって、印象は大きく異なる。
　桜咲く頃、円山の枝垂れ桜に見とれ、「都をどり」に酔い、花見小路をそぞろ歩くのと、「知恩院」の除夜の鐘を聞き、「八坂神社」でおけら火を貰ったものの宿にそのまま持って帰るわけにはいかず、さてどうしたものかと寒さに震えながら思案に暮れるのとでは、まったく異なった印象を持って都を後にすることになる。
　日本には「四季」という、類い稀な天からの贈り物がある。一年三百六十五日、春に始まり冬に終わるのは世界共通なれど、そのそれぞれの季節によって、くっきりと表情を変える国として、日本は傑出している。春夏秋冬、四季折々その姿を変え、限りない

美しさを湛える日本。わけても京都はその地形ゆえ、見事なまでに季を彩る。春には春の祇園があり、冬には冬の祇園がある。どの季節がいいのか。だがしかし……。

古都京都を表すことばのひとつに「夏暖かく、冬涼しい」がある。京都人特有の自虐的な意味合いを色濃く込めたジョークなのだが、あながちジョークとは言い切れないことを、僕は幾度も実感している。

二月の札幌。新千歳空港に降り立ち、千歳線に乗り換えて「札幌」駅へ。歩いてホテルへと向かう。滑らないように雪道を踏みしめること十分。フロントでチェックインしてようやく部屋へと入る。ダウンジャケットを脱ぎ、ふと気付くと額には薄っすらと汗が滲んでいる。

窓から見ると、向かいのビルに設置された温度計はマイナス六度を示している。だが寒さに震えるという瞬間がない。飛行機を降りて部屋に着くまで、身を縮めることがなかった。

帰途。伊丹空港からリムジンバスに乗って「京都」駅まで。八条口のバス停に降り立った瞬間、あまりの寒さに身を縮めた。地下鉄に乗るべく地下道を歩く。ここも寒い。

232

おわりに

思わずダウンジャケットのジッパーを首元まで上げる。地下鉄に乗って「北大路」駅で降りる。北改札口を出て、地上へと続くエスカレーターに乗ると寒さが身に染みる。寒さは地上に出ると一層厳しくなり、比叡の峰を見上げつつ小走りで家路に就く。玄関を潜り、居間に入っても中々ダウンを脱ぐ気にはなれない。この日の最低気温は五度だった。札幌に比べれば十一度も高いのにこの寒さはなんだ。

あるいは七月の沖縄。十年ぶりに本島に上陸したという台風に悪く遭遇した。強烈な風と雨にじっと息を潜め、一夜明けて翌朝。国道五十八号線を北ヘドライブ。南洋の湿気をたっぷりと置き土産にした台風一過。タクシードライバーいわく、記憶にないほどの暑さ。

「アッチュイね。こんなアッチュイと何もする気がしないよ」

恩納村で一日仕事。浜辺で泳いだわけでもないのに真っ黒に日焼けした。

仕事を終え、関空戻り。「はるか」に揺られて「京都」駅。ラフテー、ソーキ、島らっきょ。山ほどの土産を抱えてタクシー乗り場へ向かう道すがら、ふらふらと立ちくらみ。

この暑さはなんだ。

真冬の札幌より寒く、真夏の沖縄よりも暑い京都。

そんな気候を疎ましがるフリをしながら、実は心底愉しんでいるのが京都人なのである。比叡颪（ひえおろし）が吹きすさぶ底冷えの都大路を、震えながら歩けば、きっとその先に大きな愉しみが待っているはずだ。照り付ける真夏の太陽。盆地ゆえ、そよとも吹かない風に流れる汗を拭おうともせず、暖簾目指して歩を進めるからには、必ずや美味が待ち受けている。

四季の京都を堪能したいなら、まずはこの厳しい気候に、身体と心を馴染ませることから始めねばならない。京都は年中同じ表情を見せるわけではない。春秋には穏やかな顔付きだったとしても、冬と夏には険しい顔付きに変わる。その変化をも愉しめるようになれば、検定など受けずとも真の京都上級者である。

新年一月から師走十二月まで、京都は時々刻々とその表情を変え、都人はその風情を愉しむ。それは旅人にとっても同じこと。訪れた時季によって愉しみ方は幾分なりとも異なる。その一助になればと思い、京都の四季のひとつ「夏」を点描してみた。

わけても「おひとり」京都。道連れが居ない分、敏感に季節の移ろいを感じられる。桜花咲き乱れる春、山々が紅く染め上どの季節に旅をするか、悩ましいところである。

おわりに

がる秋、鴨川に千鳥舞う冬、祇園囃子がこだまする夏。どれもお奨めしたい。ふと目に付いた都の点景。思い浮かべればきっと京都を訪ねたくなる。

今回は酷暑の夏京都。

梅雨が明け、コンチキチンの祇園囃子。川床に送り火。夏ならではの味わい深い京都をご堪能あれ。

京都市内広域図

おすすめどころ
1. 松乃鰻寮
2. 音戸山山荘 畑善
3. ラ・ブランジェ アサノ
4. 草喰なかひがし

A

三尾
神護寺 ● ● 西明寺

嵐山高雄パークウェイ

源光庵 ● ● 常照寺
光悦寺 ●

北区

大徳寺 ▲
金閣寺(鹿苑寺) ● 船岡山
右京区
龍安寺 ●
等持院 ● 千本釈迦堂
仁和寺 ● (大報恩寺)
御室 龍安寺 鳥居院
仁和寺 妙心寺 北野天満宮
嵯峨嵐山 鳴滝 妙心寺 達磨寺(法輪寺)
嵐電北野線 花園 円町 山陰本線
トロッコ嵐山 太秦 広隆寺 二条城
嵯峨嵐山 常盤 太秦広隆寺 西大路御池 にじょう
天龍寺 有栖川 帷子ノ辻 太秦天神川 山ノ内
嵐山 蚕ノ社 嵐電天神川 西大路三条 大宮
嵐山 嵐電嵐山本線 四条
阪急嵐山線 四条大宮
西京区 嵐山 嵐電嵐山本線 西院
松尾大社 ● 梅宮大社 ● 西院 丹波口 西本願寺

A-a

東山三条 ひがしやま ウェスティン都
東山区 知恩院 卍
東大路通
八坂神社 H H 其中庵
祇園 円山公園
長楽館
圓徳院 卍 高台寺 卍
(143) 靈山護国神社 ⛩
八坂通 八坂の塔 卍
松原通
地主神社 ⛩

桂川 山陰道 にしきょうごく 天神川 JR京都線(東海道本線) 東寺
桂離宮 西大路通
阪急京都線 南区
洛西口 桂川
東海道新幹線 東向日

おすすめどころ

- ⑤ 浜作本店
- ⑥ 鳥新・とり新
- ⑦ ぎをん権兵衛
- ⑧ 珈琲カトレヤ
- ⑨ 祇をん う桶やう
- ⑩ 鍵善良房 本店
- ⑪ 建仁寺 祇園丸山
- ⑫ ビストロ スミレ チャイニーズ
- ⑬ 割烹はらだ
- ⑭ 俵屋
- ⑮ イノダコーヒ 本店
- ⑯ 点邑
- ⑰ 宮脇賣扇庵
- ⑱ 要庵西富家
- ⑲ 近又
- ⑳ 東華菜館
- ㉑ 侘家洛中亭
- ㉒ アトランティス
- ㉓ 開陽亭

C

おすすめどころ
- ㉔ お食事処やまびこ
- ㉕ ANAクラウンプラザホテル京都 ビアガーデン
- ㉖ そば処 更科

至地図E

堀川丸太町 / 烏丸丸太町

丸太町通 ㉔

竹屋町通
夷川通
二条城
朱雀高
油小路通
小川通
西洞院通
釜座通
新町通
衣棚通
室町通
車屋町通
烏丸通
両替町通
まだたち
東洞院通

中京中
堀川通
東堀川通
二条通

ANAクラウンプラザホテル京都 ㉕

㊲ にじょうじょうまえ
押小路通
御金神社 押小路通 二条殿跡
神泉苑 地下鉄東西線 ㊳㊷

御池通
からすまおいけ
御幸通

堀川御池 ㉖
ガーデンH
姉小路通

千本三条
西洞院通

武信稲荷神社
京都三条会商店街
烏丸三条
三井ガーデンH
ホテルモントレ京都H
三条通
地下鉄烏丸線

朱雀第一小
大宮通
蛸薬師通

ヴィアイン京都四条室町
洛中小
堀川高
錦小路通
京都芸術センター

ホテルマイステイズ京都四条
醒ヶ井● 四条通
からすま

四条大宮
おおみや
四条堀川
Hコート
四条烏丸

しじょうおおみや
壬生寺卍
綾小路通
からすまH
烏丸通

大宮通
猪熊通
岩上通
油小路通
仏光寺通
下京署✕

壬生通
黒門通
醒ヶ井通

千本通
松原中
㊳

烏丸高辻 ㊲

新町通
室町通
諏訪町通
東洞院通
不明門通

光徳小
瑞雲院卍
堀川五条
烏丸五条

❾
西中筋通
若宮通
小田原町通

たんばぐち
五条大宮
五条通
ごじょう

中堂寺通
櫛笥通
下松屋通
H 東急
楊梅通
H 緑風荘
六条通

花屋町通
正面通
北小路通
西本願寺卍

旧花屋町通
H 洛兆
東本願寺卍

❶
㉔
七条堀川
七条通

D

おすすめどころ
㉗ 出町ふたば

賀茂
府立植物園

下鴨
北泉通
疏水分流

京都府立大
洛北高

賀茂川
北大路橋
⑷⓪

北大路通
下鴨本通北大路

交番 ✕

下鴨本通

加茂街道

ホリデイ・イン京都 H

㊱⓻

下鴨神社

出雲路橋

天寧寺 卍
鞍馬口町

下鴨小

上御霊神社 卍
上御霊前通

出雲路

賀茂川

糺の森

河合神社

京都産業大附属高・中
光明寺 卍
阿弥陀寺 卍

相国寺 卍

御蔭橋

叡山電鉄叡山本線

養正小

葵橋東詰

葵橋

葵公園

同志社大

同志社女子大

出町桝形商店街
㉗
今出川通

河合橋

出町橋
賀茂大橋

百万遍

葵橋西詰

河原町今出川

今出川通

京都大学
体育館

石薬師御門
寺町通
⑶⓶

鴨川公園

第四錦林小

左京区役所

京都御所

梨木神社
（染井の井戸）
廬山寺 卍

府立医大

京阪鴨東線

精華女子高・中

⒅⓵

河原町通

東大路通

京都大学
医学部

大宮御所

荒神橋

京都御苑

鴨沂高

✝

至
地図
B

E

おすすめどころ
- ㉘ 一和
- ㉙ かざりや
- ㉚ 紫野源水
- ㉛ 鳳飛
- ㉜ 中華のサカ本店
- ㉝ 大徳寺一久
- ㉞ 松屋藤兵衛
- ㉟ 西陣 鳥岩楼
- ㊱ 鳴海餅本店

賀茂川

今宮神社（織姫社）㉘ ㉙
芳春庵
龍翔寺
大徳寺
高桐院
龍光院
紫野
紫野小
船岡山公園
嘉楽中
元誓願寺通
笹屋町通
智恵光院
一条通
中立売通
正親小
下長者町通
下立売通
二条城北小

今宮通
一心寺 ㉜
大宮通
小椋地通 ㉛
紫野通
紫野南通
堀川通
(181) ㉝㉞
堀川北大路
京都教育大
京都中・小
堀川紫明
小川通
水火天満宮
盧山寺通
寺之内通
浄福寺通
智恵光院通
上立売通
五辻通
西陣中央小
中筋通
西陣織会館
晴明神社
横神明通 ㊳
一条戻橋
堀川通
上長者町通
ハローワーク
下長者町通
大宮通
黒門通
猪熊通
裏屋町通
ルビノ

本法寺
宝鏡寺
堀川寺之内
シティH
今出川通
堀川今出川

新町通
紫明小
大谷大・短大
烏丸紫明
紫明通
大泉寺
烏丸中
室町小
上京区役所
武者小路通
上京中
H ブライトン
ガーデンパレス H
京都府庁
府警本部
第二赤十字病院
京都御苑

きたおおじ
烏丸北大路
くらまぐち
いまでがわ
烏丸今出川
同志社大
烏丸通

上京区

㊱

至 地図 C

F

おすすめどころ
- ㊲ 近為
- ㊳ 上七軒歌舞練場ビアガーデン
- ㊴ クリケット

- 金閣寺
- 北大路通
- 金閣寺前
- 府立盲学校高等部
- 衣笠
- 千本通
- 船岡山公園
- 鞍馬口通
- 柏野小
- 千本鞍馬口
- 木辻馬代
- ファーストフード
- 平野
- 千本寺之内
- 平野神社
- 翔鸞小
- 石像寺
- 千本釈迦堂（大報恩寺）
- 立売通
- 交番 ㊴
- 北野天満宮
- 千本通
- 北野
- 衣笠小
- ㊳
- 今出川通
- 千本今出川
- 洛星高・中
- 西大路通
- 上七軒
- 京福北野線
- 今小路通
- 101
- ⊗ 上京署
- きたのはくばいちょう

G

おすすめどころ
- ㊵ てん狗
- ㊶ 総本家にしんそば松葉 京都駅店
- ㊷ 本家第一旭
- ㊸ 新福菜館本店

- 西本願寺
- 洛兆H
- 東本願寺
- 渉成園
- 24
- 七条堀川
- 七条通
- 大宮七条
- ❶
- 交番⊗
- 七条河原町
- 下京区役所
- 新阪急
- 京都タワー
- ドーミーインプレミアム京都駅前 H
- ハトヤ瑞鳳閣 H
- 師団街道
- リーガロイヤル H
- 伊勢丹
- 崇仁小
- 鴨川
- ㊸
- 京都 ㊶ ㊷
- 東海道新幹線
- ㊵
- 新・都 H
- ホテル京阪 H
- 24
- 大宮通
- 油小路通
- 東九条
- 地下鉄烏丸線
- 山王小
- 河原町通
- 高瀬川
- 近鉄京都線
- とうじ
- 九条大宮
- H 第一
- くじょう
- 143
- 九条河原町
- 九条油小路
- 115
- 福稲

H

おすすめどころ
- ㊹ ひろ文

- ㊹
- 鞍馬山 ▲
- 貴船神社 ⛩ ひろや H
- ふじや H ● 魔王殿
- 鞍馬
- 鞍馬川
- 木の根道
- 鞍馬寺 卍
- ♨ 鞍馬
- 由岐神社 ⛩
- たほうとう
- 鞍馬山ケーブル
- さんもん
- 左京区
- 貴船川
- 叡山電鉄鞍馬線
- きぶねぐち
- くらま
- 岩倉

I

- 京滋バイパス
- 宇治東IC
- 三室戸寺 卍
- JR奈良線
- 京阪宇治線
- みむろ
- 宇治神社 ⛩
- 平等院 卍

J

おすすめどころ
- ㊺ 平野屋
- ㊻ 廣川
- ㊼ 天龍寺 篩月

- ㊺
- (137)
- 化野念仏寺 卍
- 大覚寺 卍 大沢池
- 嵐山高雄パークウェイ
- 嵯峨野
- 祇王寺 卍 (50)
- 清凉寺 卍
- 嵯峨
- (29) 大覚寺門前
- 二尊院 卍
- 嵯峨釈迦堂道
- 常寂光寺 卍
- 丸太町通 (187)
- 嵯峨野線(山陰本線)
- さがあらしやま
- トロッコさが
- トロッコあらしやま
- 法然寺 ㊻ (29)
- 野宮神社
- (135) らんでんさが
- ㊼ 卍 天龍寺
- あらしやま

K-a

おすすめどころ
- 48 にほのうみ
- 49 ダイニング MOO
- 50 湖舟
- 51 うばがもちや本店
- 52 ちゃんぽん亭総本家 草津駅前店

琵琶湖
草津市立水生植物公園みずの森
草津烏丸半島港
滋賀県立琵琶湖博物館
蓮群生地
烏丸記念公園
もりやま芦刈園
湖岸緑地
真珠養殖場
常教寺
芦浦観音寺

K-b

琵琶湖
草津市
ホテルボストンプラザ草津
大津湖岸なぎさ公園
琵琶湖ホテル
大津プリンスホテル
滋賀県立芸術劇場びわ湖ホール
大津港
におの浜
矢橋帰帆島
近江大橋
ロイヤルオークホテル スパ&ガーデンズ
大津IC
ホテルテトラ大津・京都
瀬田唐橋
東海道新幹線
瀬田東IC
名神高速道路
石山寺

K おすすめどころ
53 比良山荘

滋賀県

卍 明王院
53

H 美山荘

▲ 皆子山

▲ 蓬莱山

志賀IC

367

京都府

湖西道路

琵琶湖

琵琶湖大橋

湖西線

367

卍 延暦寺
比叡山

比叡山ドライブウェイ

a

b

大津IC

東海道本線

東海道新幹線

名神高速道路

1

草津Jct
草津田上IC

瀬田西IC
瀬田東IC

石山IC

きたこまつ
おうみまいこ
ひら
しが
ほうらい
わに
おの
かたた
おごとおんせん
さかもと
ひえいざんさかもと
からさき
くらま
でまちやなぎ
やましな
おおつ
ぜぜ
いしやま
せた
はやみつ
くさつ
みなくち

【地図K – b】
ホテルボストンプラザ草津
〒525-0037 滋賀県草津市西大路町1-27 草津駅西口ボストンスクエア内
TEL ／ 077-561-3311　FAX ／ 077-561-3322
アクセス／ JR「草津」駅すぐ　http://www.hotel-bp.co.jp/　【p.202】

琵琶湖ホテル
〒520-0041 滋賀県大津市浜町2-40　TEL ／ 077-524-7111
アクセス／ JR「大津」駅から徒歩10分(無料シャトルバスあり)、京阪石山坂本線
「浜大津」駅から徒歩5分
http://www.biwakohotel.co.jp/　【p.170、207】

ホテルテトラ大津・京都
〒520-0054 滋賀県大津市逢坂1-1-1
TEL ／ 077-527-6711　FAX ／ 077-527-6728
アクセス／ JR「大津」駅に直結
http://otsu.e-tetora.com/　【p.208】

ロイヤルオークホテル スパ＆ガーデンズ
〒520-2143 滋賀県大津市萱野浦23-1
TEL ／ 077-543-0111　FAX ／ 077-543-9100
アクセス／ JR「石山」駅からタクシーで8分(無料シャトルバスあり)、JR「瀬
田」駅より近江鉄道バス「ロイヤルオークホテル」停留所すぐ
http://www.royaloakhotel.co.jp/　【p.209】

大津プリンスホテル
〒520-8520 滋賀県大津市におの浜4-7-7
TEL ／ 077-521-1111　FAX ／ 077-521-1110
アクセス／ JR「大津」駅からタクシーで10分(無料シャトルバスあり)
http://www.princehotels.co.jp/otsu/　【p.171、209】

【地図K】
美山荘
〒601-1102 京都府京都市左京区花脊原地町大悲山375
TEL ／ 075-746-0231　FAX ／ 075-746-0233　※食事のみも可、要予約
アクセス／京都市内からタクシーで約1時間、京阪本線「出町柳」駅または地下
鉄烏丸線「北大路」駅より京都バス「大悲山口」停留所から徒歩25分(予約時に申
し込めば停留所から送迎あり)　http://miyamasou.jp/　【p.210】

【地図K】
㊽ **比良山荘（料理・旅館）**
〒520-0475 滋賀県大津市葛川坊村町94　TEL／077-599-2058
営業時間／11:30～14:00（入店）、17:00～19:00（入店）　※予約制
定休日／火曜（祝日は営業、その他不定休あり）
アクセス／京阪鴨東線「出町柳」駅より京都バス「坊村」停留所から徒歩2分（ただし冬季を除く土・日のみ1日2便の運行）、京都市内からタクシーで約45分
http://www.hirasansou.com/　【p.192】

■ホテル・旅館 ……………………………………………………

【地図A】
其中庵
〒605-0071 京都府京都市東山区円山公園内
TEL／075-533-0210　FAX／075-533-0034
アクセス／阪急京都本線「河原町」駅から徒歩約20分、京阪本線「祇園四条」駅から徒歩15分、市バス「祇園」停留所から徒歩8分
http://homepage2.nifty.com/kicyuan/　【p.216】

【地図B】
三福
〒604-8011 京都府京都市中京区先斗町三条下ル若松町140
TEL／075-221-5696　FAX／075-221-6032
アクセス／阪急京都本線「河原町」駅から徒歩10分、地下鉄東西線「三条京阪」駅・京阪本線「三条」駅から徒歩5分、市バス「三条河原町」停留所から徒歩8分
http://mifuku.a.la9.jp/　【p.215】

田舎亭
〒605-0825 京都府京都市東山区祇園下河原石塀小路463
TEL／075-561-3059
アクセス／阪急京都本線「河原町」駅から徒歩15分、京阪本線「祇園四条」駅から徒歩13分、市バス「祇園」停留所から徒歩6分
http://www.inakatei.com/　【p.217】

【地図G】
ドーミーインプレミアム京都駅前
〒600-8216 京都府京都市下京区東塩小路町558-8
TEL／075-371-5489　FAX／075-371-1861
アクセス／JR「京都」駅から徒歩3分
http://www.hotespa.net/hotels/kyoto/　【p.132、227】

TEL／075-882-9725　FAX／075-882-9726(いずれも天龍寺精進料理部)
営業時間／11:00～14:00　定休日／年中無休　※別途、庭園参拝料500円
アクセス／JR「嵯峨嵐山」駅から徒歩13分、阪急嵐山線「嵐山」駅から徒歩15分、京福嵐山本線「嵐山」駅すぐ、市バス「嵐山天龍寺前」または京都バス「京福嵐山駅前」停留所すぐ　http://www.tenryuji.com/　【p.145】

【地図K-a】
㊽にほのうみ
〒525-0001 滋賀県草津市下物町1091 滋賀県立琵琶湖博物館内
TEL／077-568-4819　営業時間／10:30～17:00(食事は11:00～16:00)
定休日／月曜(博物館に準ずる)
アクセス／JR「草津」駅からタクシーで25分、近江鉄道バス「琵琶湖博物館前」停留所すぐ　http://www.nanyouken.co.jp/nionoumi/　【p.185】

【地図K-b】
㊾ダイニングMOO
〒520-0041 滋賀県大津市浜町9-28 中央ビル　TEL／077-522-5080
営業時間／11:00～14:30(LO14:00)、18:00～22:00(LO21:00)
定休日／月曜(ハッピーマンデーは営業、翌日休)、不定休あり
アクセス／JR「大津」駅から徒歩6分、京阪石山坂本線「島ノ関」駅から徒歩5分、京阪京津線「浜大津」駅から徒歩6分　http://www.oishiga.com/　【p.174】

㊿湖舟
〒520-0861 滋賀県大津市石山寺3-2-37 石山寺観光駐車場内
TEL／077-537-0127　FAX／077-537-0121　営業時間／10:00～17:00
定休日／金曜不定休　※営業時間、営業日いずれも変更あり
アクセス／京阪石山坂本線「石山寺」駅から徒歩12分
http://www.e510.jp/koshu/　【p.175】

�051うばがもちや本店
〒525-0032 滋賀県草津市大路2-13-19　TEL／077-566-2580
営業時間／9:00～19:00（土・日・祝は8:00～20:00）　定休日／なし
アクセス／JR「草津」駅から徒歩15分
http://www.ubagamochiya.jp/　【p.186】

�052ちゃんぽん亭総本家 草津駅前店
〒525-0032 滋賀県草津市大路1-1-1 エルティ 932 1F
TEL／077-569-4996　営業時間／11:00～24:00(LO23:30)
アクセス／JR「草津」駅から徒歩1分
http://www.chanpontei.com/　【p.188】

㊷本家第一旭
〒600-8213 京都府京都市下京区東塩小路向畑町845
TEL ／ 075-351-6321　営業時間／5:00〜26:00　定休日／木曜
アクセス／JR「京都」駅から徒歩5分
http://www.honke-daiichiasahi.com/　【p.142、229】

㊸新福菜館本店
〒600-8213 京都府京都市下京区東塩小路向畑町569
TEL ／ 075-371-7648　営業時間／7:30〜22:00　定休日／水曜
アクセス／JR「京都」駅から徒歩5分
http://www.shinpuku.net/　【p.142、229】

【地図H】
㊹ひろ文（料理・旅館）
〒601-1112 京都府京都市左京区鞍馬貴船町87
TEL ／ 075-741-2147　FAX ／ 075-741-1208
※流しそうめんは5月上旬〜9月下旬　営業時間／11:00〜16:00
アクセス／叡山鞍馬線「貴船口」駅から徒歩30分、市バス「貴船」停留所から徒歩15分　http://hirobun.co.jp/　【p.48】

【地図J】
㊺平野屋
〒616-8437 京都府京都市右京区嵯峨鳥居本仙翁町16
TEL & FAX ／ 075-861-0359　※要予約
営業時間／11:30〜21:00(LO)　定休日／年中無休
アクセス／JR「嵯峨嵐山」駅または京福嵐山線・阪急嵐山線「嵐山」駅からタクシーで10分、嵐山京都バス「鳥居本」停留所から徒歩5分
http://ayuchaya-hiranoya.com/　【p.116】

㊻廣川
〒616-8374 京都府京都市右京区嵯峨天龍寺北造路町44-1
TEL ／ 075-871-5226　営業時間／11:30〜14:30、17:00〜21:00(LO20:00)
定休日／月曜(祝日の場合は営業、1月下旬、5月中旬、10月上旬、年末年始に連休あり)
アクセス／JR「嵯峨嵐山」駅から徒歩8分、京福嵐山線「嵐山」駅から徒歩4分、市バス・京都バス「天龍寺」または「野々宮」停留所すぐ
http://unagi-hirokawa.jp/　【p.153】

㊼天龍寺　篩月
〒616-8385 京都府京都市右京区嵯峨天龍寺芒ノ馬場町68

営業時間／8:30～17:30　定休日／不定休
アクセス／地下鉄東西線「二条城前」駅から徒歩5分、市バス「堀川下立売」停留所から徒歩1分　http://www.narumi-mochi.jp/　【p.161】

【地図F】
㊲近為（本店）
〒602-8475 京都府京都市上京区千本通五辻上ル牡丹鉾町576
TEL／075-461-4072　FAX／075-461-4770
営業時間／販売9:30～17:30、お茶漬け席（要予約）11:00～15:00
定休日／無休（年始を除く、お茶漬け席は12月1日～1月6日休）
アクセス／市バス「千本今出川」停留所から徒歩5分
http://www.kintame.co.jp/　【p.135】

㊳上七軒歌舞練場ビアガーデン
〒602-8381 京都府京都市上京区今出川通七本松西入ル真盛町742
TEL／075-461-0148　FAX／075-461-0149
※夏季限定営業（7月～9月上旬、ただし8月15日前後は休業、いずれも年によって変更あり）　営業時間／17:30～22:00(LO21:30)
アクセス／市バス「北野天満宮前」または「上七軒」停留所から徒歩3分
http://www.maiko3.com/　【p.165】

㊴クリケット
〒603-8345 京都府京都市北区平野八丁柳町68-1 サニーハイム金閣寺
TEL & FAX／075-461-3000
営業時間／平日10:00～19:00（日祝は18:00まで）　定休日／不定休、12月31日
アクセス／京福北野線「北野白梅町」駅から徒歩7分、市バス「衣笠校前」停留所すぐ　http://www.cricket-jelly.com/　【p.159】

【地図G】
㊵てん狗
〒601-8411 京都府京都市南区西九条北ノ内町42-13　TEL／075-681-5366
営業時間／8:00～18:00　定休日／日曜・第2土曜
アクセス／JR「京都」駅から徒歩5分　【p.141】

㊶総本家にしんそば 松葉 京都駅店
〒600-8214 京都府京都市下京区東塩小路高倉町8-3 京都駅2F新幹線コンコース内　TEL／075-693-5595
営業時間／7:00～21:00(LO20:30)　定休日／無休
アクセス／JR「京都」駅2F新幹線コンコース（博多方面ホーム下、東京寄り）
http://www.sobamatsuba.co.jp/　【p.144】

アクセス／地下鉄烏丸線「北大路」駅から徒歩7分　【p.160】

㉛鳳飛
〒603-8175 京都府京都市北区紫野下鳥田町37-1
TEL ／ 075-493-5025　営業時間／ 12:00〜13:30、17:00〜20:00
定休日／火曜・水曜
アクセス／地下鉄烏丸線「北大路」駅から徒歩15分、市バス「下鳥田町」停留所すぐ　【p.148】

㉜中華のサカイ本店
〒603-8217 京都府京都市北区紫野上門前町92(新大宮商店街)
TEL ／ 075-492-5004　FAX ／ 075-492-8581
営業時間／ 11:00〜22:00　定休日／月曜(祝日は営業)
アクセス／地下鉄烏丸線「北大路」駅から徒歩15分、市バス「下鳥田町」停留所から徒歩5分　http://www.reimen.jp/　【p.154】

㉝大徳寺一久
〒603-8215 京都府京都市北区紫野大徳寺下門前町20
TEL ／ 075-493-0019　FAX ／ 075-491-1900　※要予約
営業時間／大徳寺納豆9:00〜20:00、精進料理12:00〜18:00(入店時間)
定休日／不定休(大徳寺の行事に合わせて休業あり)
アクセス／地下鉄烏丸線「北大路」駅から徒歩17分、市バス「大徳寺前」停留所すぐ　http://www.daitokuji-ikkyu.jp/　【p.146】

㉞松屋藤兵衛
〒603-8214 京都府京都市北区紫野雲林院町28
TEL ／ 075-492-2850　営業時間／ 9:00〜18:00　定休日／木曜(祝日は営業)
アクセス／地下鉄烏丸線「北大路」駅から徒歩17分、市バス「大徳寺前」停留所すぐ　【p.157】

㉟西陣　鳥岩楼
〒602-8446 京都府京都市上京区五辻通智恵光院西入ル南側
TEL ／ 075-441-4004　FAX ／ 075-441-4500
営業時間／ 12:00〜14:00、17:00〜20:00(いずれも入店時間)
定休日／木曜(祝日は営業)　※昼は親子丼のみ、水だきは要予約
アクセス／地下鉄烏丸線「今出川」駅から徒歩20分、市バス「堀川今出川」停留所から徒歩5分　http://www3.ocn.ne.jp/~mao_utty/toriiwa/　【p.100】

㊱鳴海餅本店
〒602-8138 京都府京都市上京区堀川下立売西南角
TEL ／ 075-841-3080　FAX ／ 075-841-6070

アクセス／地下鉄烏丸線「丸太町」駅から徒歩6分
http://www.suji-curry.com/　【p.149】

㉕ ANAクラウンプラザホテル京都 ビアガーデン
〒604-0055 京都府京都市中京区堀川通二条城前
TEL／075-231-1155　FAX／075-231-5333（いずれもホテル代表）
営業時間／6月上旬～9月中旬、18:00～21:00（LO20:30）
定休日／雨天の場合、8月16日（「五山の送り火」の日）
アクセス／地下鉄東西線「二条城前」駅から徒歩1分
http://www.ana-hkyoto.com/　【p.166】

㉖ そば処 更科
〒604-8316 京都府京都市中京区大宮姉小路上ル三坊大宮町123
TEL／075-841-5933　営業時間／11:00～19:30（祝日は17:00まで）
定休日／日曜・第2土曜
アクセス／地下鉄東西線「二条城前」駅から徒歩5分　【p.62】

【地図D】
㉗ 出町ふたば
〒602-0821 京都府京都市上京区出町通今出川上ル青龍町236
TEL／075-231-1658
営業時間／8:30～17:30　定休日／火曜・第4水曜（祝日の場合は翌日休）
アクセス／京阪鴨東線「出町柳」駅から徒歩5分　【p.158】

【地図E】
㉘ 一和（一文字屋和輔）
〒603-8243 京都府京都市北区今宮神社東門前北側紫野今宮町69
TEL／075-492-6852
営業時間／10:00～17:00　定休日／水曜（祝日・1日・15日は営業、翌日休）
アクセス／市バス「今宮神社前」停留所すぐ　【p.142】

㉙ かざりや
〒603-8243 京都府京都市北区今宮神社東門前南側紫野今宮町96
TEL／075-491-9402
営業時間／10:00～17:00　定休日／水曜（祝日・1日・15日は営業、翌日休）
アクセス／市バス「今宮神社前」停留所すぐ　【p.142】

㉚ 紫野源水
〒603-8167 京都府京都市北区小山西大野町78-1　TEL／075-451-8857
営業時間／9:30～18:30　定休日／日曜・祝日

⑲近又(料理・旅館)
〒604-8044 京都府京都市中京区御幸町四条上ル
TEL ／ 075-221-1039　FAX ／ 075-231-7632　※要予約
営業時間／朝食7:30〜9:00、昼懐石12:00〜13:30、夕懐石17:30〜19:30(いずれも入店時間)　定休日／水曜
アクセス／地下鉄烏丸線「四条」駅から徒歩10分、阪急京都本線「河原町」駅から徒歩5分、京阪本線「祇園四条」駅から徒歩10分
http://www.kinmata.com/　【p.131】

⑳東華菜館(本店)
〒600-8012 京都府京都市下京区四条大橋西詰
TEL ／ 075-221-1147　FAX ／ 075-221-1148
営業時間／11:30〜21:30(LO21:00)　定休日／無休
アクセス／京阪本線「祇園四条」駅または阪急京都本線「河原町」駅すぐ
http://www.tohkasaikan.com/　【p.125】

㉑侘家洛中亭
〒604-8013 京都府京都市中京区四条先斗町上ル東側　TEL ／ 075-241-1616
営業時間／17:00〜23:30(LO22:30)　定休日／水曜(不定休あり)
アクセス／阪急京都本線「河原町」駅から徒歩5分、京阪本線「祇園四条」駅から徒歩5分　http://www.wabiya.com/　【p.127】

㉒アトランティス(Bar Atlantis)
〒604-8013 京都府京都市中京区四条先斗町上ル松本町161
TEL ／ 075-241-1621
営業時間／18:00〜26:00(日曜は25:00まで)　定休日／無休
アクセス／阪急京都本線「河原町」駅から徒歩5分、京阪本線「祇園四条」駅から徒歩5分　http://www.atlantis-net.co.jp/　【p.128】

㉓開陽亭
〒604-8012 京都府京都市中京区先斗町通四条上ル柏屋町173-3
TEL ／ 075-221-3607
営業時間／12:00〜15:00、17:00〜22:00(LO21:30)　定休日／火曜
アクセス／阪急京都本線「河原町」駅から徒歩3分、京阪本線「祇園四条」駅から徒歩5分　http://www.kaiyoutei.com/　【p.126】

【地図C】
㉔お食事処やまびこ
〒604-0081 京都府京都市中京区丸太町西洞院東入ル田中町122
TEL ／ 075-231-5477　FAX ／ 075-231-5496
営業時間／11:30〜14:45(売り切れじまい)　定休日／土曜

TEL／075-342-2208
営業時間／17:00～25:00(LO24:00)　定休日／月曜・第2第4火曜
アクセス／阪急京都本線「河原町」駅または京阪本線「祇園四条」駅から徒歩3分
http://www.kyo-sumire.com/　【p.125】

⑬割烹はらだ
〒604-0907 京都府京都市中京区河原町通竹屋町上ル西側大文字町239
TEL／075-213-5890　営業時間／17:00～23:00　定休日／月曜・第2日曜
アクセス／京阪鴨東線「神宮丸太町」駅から徒歩6分　【p.121】

⑭俵屋(旅館)
〒604-8094 京都府京都市中京区麩屋町通御池下ル中白山町278
TEL／075-211-5566　※食事のみも可、要予約
アクセス／地下鉄東西線「京都市役所前」駅から徒歩5分　【p.76、113、121】

⑮イノダコーヒ 本店
〒604-8118 京都府京都市中京区堺町通三条下ル道祐町140
TEL／075-221-0507　FAX／075-221-0530
営業時間／7:00～20:00　定休日／無休
アクセス／地下鉄烏丸線・東西線「烏丸御池」駅から徒歩10分
http://www.inoda-coffee.co.jp/　【p.137】

⑯点邑
〒604-8076 京都府京都市中京区御幸町通三条下ル海老屋町324-1
TEL／075-212-7778　営業時間／11:30～13:30、17:00～21:00
定休日／火曜
アクセス／地下鉄東西線「京都市役所前」駅から徒歩5分　【p.122】

⑰宮脇賣扇庵
〒604-8073 京都府京都市中京区六角通富小路東入ル大黒町80-3
TEL／075-221-0181　FAX／075-221-0439
営業時間／9:00～18:00(夏季は19:00まで)　定休日／無休(不定休あり)
アクセス／地下鉄烏丸線・東西線「烏丸御池」駅から徒歩7分、阪急京都本線「烏丸」駅または「河原町」駅から徒歩10分
http://www.baisenan.co.jp/　【p.94】

⑱要庵西富家(料理・旅館)
〒604-8064 京都府京都市中京区富小路通六角下ル
TEL／075-211-2411　FAX／075-211-2415　※食事のみも可、要予約。
アクセス／地下鉄烏丸線「四条」駅から徒歩10分、阪急京都本線「烏丸」駅または「河原町」駅から徒歩10分　http://www.kanamean.co.jp/　【p.114】

「とり新」TEL ／ 075-541-4857　※昼は親子丼のみ
　　　　　営業時間／12:00～14:00、18:00～22:00(日・祝は～21:00)
定休日／木曜(臨時休業あり)
アクセス／京阪本線「祇園四条」駅から徒歩2分
http://homepage1.nifty.com/torisin/　【p.52、101】

⑦ぎおん権兵衛
〒605-0073 京都府京都市東山区祇園町北側254　TEL ／ 075-561-3350
営業時間／12:00～20:30(LO)　定休日／木曜
アクセス／京阪本線「祇園四条」駅から徒歩5分　【p.155】

⑧珈琲カトレヤ
〒605-0073 京都府京都市東山区祇園町北側284
TEL ／ 075-708-8670
営業時間／10:00～22:00(日曜は20:00まで)　定休日／無休
アクセス／京阪本線「祇園四条」駅から徒歩7分　【p.163】

⑨祇をん う桶や う
〒605-0074 京都府京都市東山区祇園西花見小路四条下ル
TEL ／ 075-551-9966　FAX ／ 075-551-9967
営業時間／11:30～14:00(LO)、17:00～20:00(LO)
定休日／月曜(祝日の場合は翌日休)
アクセス／京阪本線「祇園四条」駅から徒歩7分
http://www.yagenbori.co.jp/　【p.151】

⑩鍵善良房 本店
〒605-0073 京都府京都市東山区祇園町北側264　TEL ／ 075-561-1818
営業時間／喫茶9:00～18:00(LO17:45)
定休日／月曜(祝日の場合は翌日休)
アクセス／京阪本線「祇園四条」駅から徒歩5分
http://www.kagizen.co.jp/　【p.157】

⑪建仁寺 祇園丸山
〒605-0811 京都府京都市東山区小松町566-15
TEL ／ 075-561-9990　FAX ／ 075-561-9991　※要予約
営業時間／11:00～LO13:30、17:00～LO19:30　定休日／不定休
アクセス／京阪本線「祇園四条」駅から徒歩8分、市バス「清水道」停留所から徒歩5分　http://gionmaruyama.com/　【p.115】

⑫ビストロ スミレ チャイニーズ
〒600-8012 京都府京都市下京区木屋町団栗橋下ル斉藤町138

■飲食店・ショップ

【地図A】
①松乃鰻寮
〒606-0016 京都府京都市左京区岩倉木野町189　TEL ／ 075-701-1577
営業時間／12:00〜21:00(LO19:00)　定休日／不定休
アクセス／叡山鞍馬線「木野」駅すぐ　http://matsuno-co.com/　【p.43】

②音戸山山荘 畑善
〒616-8255 京都府京都市右京区鳴滝音戸山町6-18
TEL ／ 075-462-0109　FAX ／ 075-462-0108
営業時間／11:30〜15:00、17:30〜21:00　※要予約
定休日／火曜・第3月曜(祝日の場合は営業)
アクセス／JR「京都」駅からタクシーで30分、JR「花園」駅からタクシーで10分、市バス「三宝寺」停留所から徒歩5分　http://www.hatazen.com/　【p.116】

③ラ・ブランジェ アサノ(La Boulange ASANO)
〒603-8103 京都府京都市北区小山北玄以町25 リバーズストリーム鴨1F
TEL ／ 075-493-1693　営業時間／7:30〜18:30　定休日／木曜
アクセス／市バス「上賀茂橋」停留所すぐ　【p.139】

④草喰なかひがし
〒606-8406 京都府京都市左京区浄土寺石橋町32-3
TEL ／ 075-752-3500　※要予約
営業時間／12:00〜13:00、18:00〜19:00(いずれも入店時間)　定休日／月曜
アクセス／市バス「銀閣寺道」停留所すぐ　【p.123】

【地図B】
⑤浜作本店
〒605-0825 京都府京都市東山区祇園八坂鳥居前下ル下河原町498
TEL ／ 075-561-0330　FAX ／ 075-561-8007　※要予約
営業時間／11:30〜15:00(LO14:30)、17:00〜21:00(LO)　定休日／水曜
アクセス／京阪本線「祇園四条」駅から徒歩10分、市バス「祇園」停留所から徒歩3分　http://hamasaku.com/　【p.119】

⑥鳥新・とり新
〒605-0087 京都府京都市東山区祇園縄手四条上ル
※店は水だき・すき焼きの店「鳥新」と、やきとりの店「とり新」に分かれています
「鳥新」TEL ／ 075-561-1362　営業時間／17:00〜21:00(LO20:00)

2月は9:30〜16:00)、入園はいずれも閉園30分前まで
定休日／月曜(祝日の場合は翌日休)、ゴールデンウィークおよび夏季は無休
入園料／大人300円、高校・大学生250円、小・中学生150円
アクセス／JR「草津」駅より近江鉄道バス「みずの森」停留所から徒歩25分
http://www.seibu-la.co.jp/mizunomori/　【p.180】

滋賀県立琵琶湖博物館
〒525-0001 滋賀県草津市下物町1091
TEL ／ 077-568-4811　FAX ／ 077-568-4850
開館時間／9:30〜17:00(入館は16:30まで)
休館日／月曜(祝日の場合は開館)、その他臨時休館あり
観覧料(常設展)／大人750円、高・大学生400円、中学生以下無料
アクセス／JR「草津」駅より近江鉄道バス「琵琶湖博物館前」停留所から徒歩2分
http://www.lbm.go.jp/　【p.183】

【地図K – b】
大津湖岸なぎさ公園
滋賀県大津市島の関地先〜晴嵐1地先
TEL ／ 077-527-1555(大津市公園緑地協会)
アクセス／京阪京津線「浜大津」駅から徒歩10分
http://otsukoen.org/nagisa 【p.170】

大津港「ミシガンクルーズ」(琵琶湖汽船予約センター)
TEL ／ 077-524-5000　フリーダイヤル／ 0120-050-800
※運航予定は下記ウェブサイトか電話でご確認ください。
http://www.biwakokisen.co.jp/　【p.172】

石山寺
〒520-0861 滋賀県大津市石山寺1-1-1
TEL ／ 077-537-0013　FAX ／ 077-533-0133
拝観時間／8:00〜16:30(入山は16:00まで)
拝観料／中・高生以上600円、小学生250円(本堂内陣特別拝観などは別途)
アクセス／京阪石山坂本線「石山寺」駅から徒歩10分、京阪バス「石山寺山門前」
停留所すぐ　http://www.ishiyamadera.or.jp/　【p.175】

アクセス／叡山鞍馬線「鞍馬」駅から徒歩５分（仁王門まで）
※本殿までの鞍馬山ケーブルは改修工事のため平成28年３月まで運休の予定、徒歩では30〜40分　[p.48]

【地図Ｉ】
三室戸寺
〒611-0013 京都府宇治市菟道滋賀谷21　TEL ／ 0774-21-2067
拝観時間／ 8:30〜16:30（11月〜３月は16:00まで、受付は30分前まで）
拝観料／大人500円、小人300円（宝物殿拝観は別途）
アクセス／京阪宇治線「三室戸」駅から徒歩15分
http://www.mimurotoji.com/　[p.70]

【地図Ｊ】
二尊院
〒616-8425 京都府京都市右京区嵯峨二尊院門前長神町27
TEL ／ 075-861-0687　拝観時間／ 9:00〜16:30　拝観料／ 500円（中学生以上）
アクセス／ JR「嵯峨嵐山」駅から徒歩15分、市バス「嵯峨釈迦堂前」停留所から徒歩10分　[p.70]

天龍寺
〒616-8385 京都府京都市右京区嵯峨天龍寺芒ノ馬場町68
TEL ／ 075-881-1235（受付8:30〜17:30）
拝観時間／ 8:30〜17:30（10月21日〜３月20日までは17:00まで）
拝観料／庭園　高校生以上500円、小・中学生300円（諸堂参拝などは別途）
アクセス／ JR「嵯峨嵐山」駅から徒歩13分、阪急嵐山線「嵐山」駅から徒歩15分、京福嵐山本線「嵐山」駅すぐ、市バス「嵐山天龍寺前」または京都バス「京福嵐山駅前」停留所すぐ　http://www.tenryuji.com/　[p.145]

【地図Ｋ】
明王院
〒520-0475 滋賀県大津市葛川坊村町155　TEL ／ 077-599-2372
拝観時間／ 9:00〜16:30（時期により異なる）　拝観料／無料
アクセス／京阪鴨東線「出町柳」駅より京都バス「坊村」停留所から徒歩２分（ただし冬季を除く土・日のみ１日２便の運行）　[p.193]

【地図Ｋ－ａ】
草津市立 水生植物公園みずの森
〒525-0001 滋賀県草津市下物町1091
TEL ／ 077-568-2332　FAX ／ 077-568-0955
開園時間／ 9:00〜17:00（夏季７月11日〜８月９日は7:00〜17:00、冬季11月〜

TEL ／ 075-211-0885　FAX ／ 075-257-2624
拝観時間／ 6:00～17:00頃(季節により変動、授与所は9:00～)　拝観料／無料
アクセス／地下鉄烏丸線「丸太町」駅から徒歩20分、京阪鴨東線「神宮丸太町」駅から徒歩15分、市バス「府立医大病院前」停留所から徒歩3分
http://nashinoki.jp/　【p.34】

廬山寺
〒602-0852 京都府京都市上京区寺町通広小路上ル北之辺町397
TEL ／ 075-231-0355　FAX ／ 075-231-1357
拝観時間／ 9:00～16:00　拝観料／大人500円、小中学生400円
アクセス／京阪鴨東線「出町柳」駅から徒歩15分、地下鉄烏丸線「丸太町」駅から徒歩20分、市バス「府立医大病院前」停留所から徒歩5分
http://www7a.biglobe.ne.jp/~rozanji/　【p.78】

【地図E】
織姫社(今宮神社内)
〒603-8243 京都府京都市北区紫野今宮町21
TEL ／ 075-491-0082(受付9:00～17:00)　拝観自由
アクセス／市バス「今宮神社前」停留所すぐ
http://imamiyajinja.org/　【p.157】

【地図F】
千本釈迦堂(大報恩寺)
〒602-8319 京都府京都市上京区七本松通今出川上ル
TEL ／ 075-461-5973　拝観時間／ 9:00～17:00
拝観料／大人600円、高校・大学生500円、中学生以下400円
アクセス／市バス「上七軒」停留所5分
http://www.daihoonji.com/　【p.27】

【地図H】
貴船神社
〒601-1112 京都府京都市左京区鞍馬貴船町180　TEL ／ 075-741-2016
拝観時間／ 6:00～20:00(12月1日～4月30日は18:00まで)
授与所受付時間／ 9:00～16:30　拝観料／無料
アクセス／叡山鞍馬線「貴船口」駅より京都バス「貴船」停留所から徒歩5分
http://kifunejinja.jp/　【p.40、43】

鞍馬寺
〒601-1111 京都府京都市左京区鞍馬本町1074　TEL ／ 075-741-2003
拝観時間／ 9:00～16:30　拝観料／高校生以上300円

【地図C】
醒ヶ井(和菓子店「亀屋良長」内)
〒600-8498 京都府京都市下京区四条通油小路西入柏屋町17-19
TEL／075-221-2005　FAX／075-223-1125
営業時間／9:00〜18:00　定休日／無休
アクセス／阪急京都本線「大宮」駅から徒歩5分、地下鉄烏丸線「四条」駅から徒歩10分、市バス「四条堀川」停留所すぐ
http://www.kameya-yoshinaga.com/　【p.35】

御金神社
〒604-0042 京都府京都市中京区西洞院通御池上ル押西洞院町618-2
TEL／075-222-2062　拝観自由
アクセス／地下鉄東西線「二条城前」駅から徒歩5分、市バス「堀川御池」停留所から徒歩5分　【p.58】

神泉苑
〒604-8306 京都府京都市中京区御池通神泉苑町東入ル門前町166
TEL／075-821-1466　FAX／075-821-1461
拝観時間／8:30〜20:00　拝観料／なし
アクセス／JR「二条」駅または阪急京都本線「大宮」駅から徒歩10分、地下鉄東西線「二条城前」駅から徒歩2分、市バス「神泉苑前」停留所すぐ
http://www.shinsenen.org/　【p.60】

武信稲荷神社
〒604-8801 京都府京都市中京区今新在家西町38
TEL／075-841-3023　拝観自由
アクセス／JR「二条」駅から徒歩10分、阪急京都本線「大宮」駅から徒歩5分、市バス「壬生車庫前」停留所から徒歩2分　http://takenobuinari.jp/　【p.64】

【地図D】
相国寺
〒602-0898 京都府京都市上京区今出川通烏丸東入　TEL／075-231-0301
拝観時間／10:00〜16:00(16:30閉門)　※特別拝観時のみ
拝観料／一般・大学生800円、65歳以上・中高生700円、小学生400円
アクセス／地下鉄烏丸線「今出川」駅から徒歩15分、市バス「同志社前」停留所から徒歩15分
http://www.shokoku-ji.jp/　【p.90】

梨木神社(染井の井戸)
〒602-0844 京都府京都市上京区寺町通広小路上ル染殿町680

※1月16日～31日、8月5日～20日、12月30日～31日は一般拝観なし
アクセス／叡山本線「一乗寺」駅から徒歩15分、市バス「一乗寺下り松町」停留所から徒歩5分【p.78】

【地図A-a】
霊山護国神社
〒605-0861 京都府京都市東山区清閑寺霊山町1
TEL／075-561-7124　FAX／075-531-0972
拝観時間／開門8:00～閉門17:00(入山受付は9:00から)
拝観料(墳墓)／大人300円、小・中学生200円
アクセス／市バス「東山安井」停留所から徒歩10分
http://www.gokoku.or.jp/　【p.50】

知恩院
〒605-8686 京都府京都市東山区林下町400　TEL／075-531-2111
拝観時間／9:00～16:30(16:00受付終了)
庭園拝観料／友禅苑300円、方丈庭園400円、共通券500円
アクセス／京阪本線「祇園四条」駅から徒歩10分、地下鉄東西線「東山」駅から徒歩8分、市バス「知恩院前」停留所から徒歩5分
http://www.chion-in.or.jp/　【p.86】

【地図B】
六道珍皇寺
〒605-0811 京都府京都市東山区大和大路通四条下ル四丁目小松町595
TEL & FAX／075-561-4129　参拝自由
アクセス／京阪本線「清水五条」駅または「祇園四条」駅から徒歩15分、市バス「清水道」停留所から徒歩5分
http://www.rokudou.jp/　【p.25】

岬神社(土佐稲荷)
〒604-8023 京都府京都市中京区蛸薬師通河原町東入ル備前島町317-2
拝観自由　アクセス／阪急京都本線「河原町」駅から徒歩6分【p.54】

酢屋
〒604-8031 京都府京都市中京区河原町通三条下ル一筋目
TEL／075-211-7700　FAX／075-256-6066
「ギャラリー龍馬」営業時間／10:30～17:00　入場料／500円　定休日／水曜
アクセス／阪急京都本線「河原町」駅から徒歩5分、京阪本線「三条」駅から徒歩3分、地下鉄東西線「京都市役所前」駅から徒歩5分
http://www.kyoto-suya.co.jp/　【p.54】

平安神宮
〒606-8341 京都府京都市左京区岡崎西天王町97　TEL ／ 075-761-0221
拝観時間／ 6:00〜18:00（2月15日〜3月14日および10月は17:30まで、11月〜2月14日は17:00まで）　拝観料／無料
神苑拝観／ 8:30〜17:30（3月1〜14日および10月は17:00まで、11月〜2月は16:30まで）　神苑拝観料／大人600円、小人300円
アクセス／地下鉄東西線「東山」駅から徒歩10分、市バス「岡崎公園美術館・平安神宮前」停留所すぐ　http://www.heianjingu.or.jp/　【p.25】

南禅寺
〒606-8435 京都府京都市左京区南禅寺福地町　TEL ／ 075-771-0365
拝観時間／ 8:40〜17:00（3月〜11月）、8:40〜16:30（12月〜2月）、
※年末（12月28日〜31日）は一般拝観なし
拝観志納金／方丈庭園500円、三門500円、南禅院300円など
アクセス／地下鉄東西線「蹴上」駅から徒歩10分、市バス「東天王町」または「南禅寺・永観堂道」停留所から徒歩10分　http://www.nanzen.net/　【p.74】

赤山禅院
〒606-8036 京都府京都市左京区修学院開根坊町18　TEL ／ 075-701-5181
拝観時間／ 9:00〜16:30　拝観料／なし
アクセス／叡山本線「修学院」駅から徒歩20分（またはタクシーで5分）、地下鉄烏丸線「松ヶ崎」駅からタクシーで7分、市バス「修学院離宮道」または「修学院道」停留所から徒歩15分
http://www.sekizanzenin.com/　【p.20、40】

藤森神社
〒612-0864 京都府京都市伏見区深草鳥居崎町609
TEL ／ 075-641-1045　FAX ／ 075-642-6231
拝観時間／ 9:00〜16:00　拝観料／なし
紫陽花苑入苑料／ 300円（6月初句から約1ヶ月間開催）
アクセス／ JR「藤森」駅から徒歩5分、京阪本線「墨染」駅から徒歩7分、市バス「藤森神社前」停留所すぐ　http://www.fujinomorijinjya.or.jp/　【p.70】

常照寺
〒603-8468 京都府京都市北区鷹峯北鷹峯町1　TEL ／ 075-492-6775
拝観時間／ 8:30〜17:00　拝観料／大人（中学生以上）300円、小人150円
アクセス／市バス「鷹峯源光庵前」停留所から徒歩2分　【p.70】

金福寺
〒606-8157 京都府京都市左京区一乗寺才形町20　TEL ／ 075-791-1666
拝観時間／ 9:00〜17:00　拝観料／大人400円、中学・高校生200円

本書で紹介した主な寺社・店舗・宿リスト

※すべて2015年5月現在の情報です。営業時間、定休日、価格など各種データは変わる可能性がありますので、お出かけの前に最新の情報を確認してください。事前に予約の必要な場合もあります。また無休とある店でも、盆時期、年末年始はお休みの場合があります。

※原則として巻末地図(p.236~p.245)の順に掲載しています。各データの末にある【ページ数】は、本文掲載のページに対応しています。

■寺社・観光スポット

【地図A】

上賀茂神社
〒603-8047 京都府京都市北区上賀茂本山339　TEL／075-781-0011
拝観時間／10:00~16:00　拝観料／無料(本殿権殿特別参拝は500円)
アクセス／地下鉄烏丸線「北大路」または「北山」駅からタクシーで5分、市バス・京都バス「上賀茂神社前」停留所すぐ
http://www.kamigamojinja.jp/　【p.25】

八坂神社
〒605-0073 京都府京都市東山区祇園町北側625　TEL／075-561-6155
参拝自由
アクセス／京阪本線「祇園四条」駅から徒歩5分、阪急京都本線「河原町」駅から徒歩10分、市バス「祇園」停留所すぐ
http://www.yasaka-jinja.or.jp/　【p.25】

松尾大社
〒616-0024 京都府京都市西京区嵐山宮町3　TEL／075-871-5016
拝観時間／5:00~18:00(閉門、受付は16:00終了)　拝観料／なし
庭園「松風苑三庭」拝観／9:00~16:00(日祝は16:30まで)、大人500円
アクセス／阪急嵐山線「松尾大社」駅から徒歩3分、市バス・京都バス「松尾大社前」停留所から徒歩3分
http://www.matsunoo.or.jp/　【p.25】

城南宮
〒612-8459 京都府京都市伏見区中島鳥羽離宮町7　TEL／075-623-0846
参拝自由　神苑拝観／9:00~16:30(受付は16:00まで)、大人600円
アクセス／地下鉄烏丸線・近鉄京都線「竹田」駅から徒歩15分、市バス「城南宮東口」停留所から徒歩3分　http://www.jonangu.com/　【p.25】

264

知恵の森
KOBUNSHA

おひとり京都の夏涼み
　　きょうと　　なつすず

著　者──柏井　壽（かしわい　ひさし）

2015年　6月20日　初版1刷発行

発行者──駒井　稔
組　版──堀内印刷
印刷所──堀内印刷
製本所──ナショナル製本
発行所──株式会社 光文社
　　　　　東京都文京区音羽1-16-6 〒112-8011
電　話──編集部(03)5395-8282
　　　　　書籍販売部(03)5395-8116
　　　　　業務部(03)5395-8125
メール──chie@kobunsha.com

©Hisashi KASHIWAI 2015
落丁本・乱丁本は業務部でお取替えいたします。
ISBN978-4-334-78675-5　Printed in Japan

JCOPY (社)出版者著作権管理機構　委託出版物
本書の無断複写複製（コピー）は著作権法上での例外を除き禁じられています。本書をコピーされる場合は、そのつど事前に、(社)出版者著作権管理機構（電話:03-3513-6969　e-mail:info@jcopy.or.jp)の許諾を得てください。

本書の電子化は私的使用に限り、著作権法上認められています。ただし代行業者等の第三者による電子データ化及び電子書籍化は、いかなる場合も認められておりません。

78572-7 とう1-1	78376-1 bい9-1	78630-4 いい11-1	78217-7 aい3-1	78581-9 いい8-1	78505-5 いい4-1
上原　浩（うえはら ひろし）	岩城宏之（いわき ひろゆき）	今尾恵介（いまお けいすけ）	伊東　明（いとう あきら）	石原加受子（いしはら かずこ）	池波正太郎（いけなみ しょうたろう）編
純米酒を極める	岩城音楽教室　美を味わえる子どもに育てる	この地名がすごい　日本の「珍地名」おもしろ話　文庫オリジナル	「聞く技術」が人を動かす　ビジネス・人間関係を制す最終兵器	もっと自分中心でうまくいく　「意識の法則」が人生の流れを変える	酒と肴と旅の空
これほど美味く、これほど健康的な飲み物はない―。我が国固有の文化である日本酒はどうあるべきか。『夏子の酒』のモデルとしても著名な「酒造界の生き字引」による名著。	「今日のピアノの音はきれいね」「今日は楽しく聞こえるわ」――母親が子どもを褒める言葉はそれでいい。ワクをはずして、もっと楽しもう！世界的指揮者の音楽実践哲学。	由緒ある職人町地名、思わず脱力のカタカナ地名、「鼻毛石」「サラダ」などとにかく謎な地名…。誰よりも地図を愛する著者が全国から集めた「珍地名」「おもしろ地名」が満載。	「話術」よりも、「聞く技術」。カウンセリング、コーチング、社会心理学、コミュニケーション学に裏付けされた技術をすぐに使えるように解説した本書で、「話を聞く達人」に。	つい人と比較してしまう、人と向き合うのが怖い――。そんな他者中心の生き方では人生はつらくなるばかり。まず自分を愛することから始める「自分中心心理学」の基本を解説。	「単なる食べ歩きなどには全く関係がない文化論」と編者・池波正太郎が表わす世界の美味と酒をテーマにした名エッセイ二十四編。開高健と阿川弘之の対論「わが美味礼讃」も収録。
680円	600円	620円	560円	700円	740円

78547-5 aこ2-4	78598-7 tか7-1	78356-3 aお6-3	78022-7 aえ1-1	78280-1 bな7-1	78331-0 cう2-1
高 信太郎	柏井 壽(ひさし)	岡本 太郎	エンサイクロネット 編	リタ・エメット 中井 京子(きょうこ) 訳	浦 一也(かずや)
今日から使える韓国語 **超簡単 まんがハングル**	**極みの京都**	**日本の伝統**	文庫書下ろし 天下無敵のウケネタ1000発 **雑学全書**	かならず直る—そのグズな習慣 **いま やろうと思ってたのに…**	測って描いたホテルの部屋たち **旅はゲストルーム**
本書は、誰でもハングルが読めるコツを「これ以上ない」くらいにたっぷり説明。また、カタコトでもすぐ話せるように基本文型も満載。旅先では「まんが」を指差せば会話にも使えます！	「京都人は店でおばんざいなど食べない」「町家」や『祇園』への過剰な幻想は捨てよう」。本当においしい店から寺社巡りまで、京都の旅を成功させるコツを生粋の京都人が伝授。	「法隆寺は焼けてけっこう」「古典はその時代のモダンアート」「今日の芸術」の伝統論を具体的に展開した名著、初版本の構成に則って文庫化。(解説・岡本敏子)	疑問に思ったことも答えがわかると、へぇとうなり、ナルホドと膝を叩き、つい友人に喋りたくなる。一冊に千本、ギューギューに詰め込んだ超お買い得雑学本。	なぜ、今日できることを明日に延ばしてしまうのか―今すぐグズから抜け出す簡単実践マニュアルを紹介。さあ、今すぐ始めよう。「結局、グズは高くつく」(著者)から。	アメリカ、イタリア、イギリスから果てはブータンまで。設計者の目でとらえた世界のホテル六十九室。実測した平面図が新しい旅の一面を教えてくれる。
680円	680円	660円	880円	600円	900円

78592-5 tす3-1	78497-3 tし1-2	78625-0 tし3-2	78152-1 bし2-1	78143-9 cこ8-1	78549-9 aこ2-5
鈴木 隆祐（すずき りゅうすけ）	白洲 正子	所澤 秀樹	塩月弥栄子（しおつき やえこ）	小松 和彦（こまつ かずひこ）	高 信太郎
文庫書下ろし 知られざる名店を探せ！ 東京B級グルメ放浪記	選ぶ眼 着る心 きもの美	鉄道地図は謎だらけ	人をひきつけ自分を活かす 上品な話し方	文庫オリジナル 京都魔界案内 出かけよう、"発見の旅"へ	今日から使える中国語入門書 超簡単 まんが中国語
気軽にお腹を満たすなら、地元に根付く昔ながらの食堂がいい。小鉢自慢の定食屋、さくさくフライの洋食屋、野菜たっぷり中華屋など、一食千円、約350店の東京・食べ歩き録。	「粋」と「こだわり」に触れながら、審美眼に磨きをかけていった著者。「背伸びをしないこと」「自分に似合ったものを見出すこと」白洲正子流着物哲学の名著。（解説・髙田俊男）	なぜか一駅間だけ途切れているJR四国の路線。駅名も乗り換えも面倒くさい近鉄線の不思議…。索引地図の謎をめぐって旅すれば、知らなかった鉄道の真実が見えてくる！	身につけた品位が、話し方に品格を感じさせるのであって、カクアルベシという型にはまった「お上品」をするのは、むしろ逆の結果になる。「言葉の立ち居振舞い」集。	晴明神社、神泉苑、貴船神社…。日本を代表する"雅"の都・京都は、陰陽師や呪術僧が活躍する、呪いや怨念の渦巻く霊的空間でもあった。（解説・京極夏彦）	日本で一番やさしい中国語入門書『まんが中国語入門』の姉妹編。本書では、難しくなりがちな文法を分かりやすく解説。覚え方のコツも「まんが」でしっかり伝授します！
800円	700円	700円	480円	720円	680円

番号	78123-1 cめ1-4	78602-1 tた5-1	72805-2 cた2-1	78527-7 tた4-1	78536-9 tた4-2	72263-0 aて1-1
著者	タカコ・半沢・メロジー	瀧音 能之 監修	多湖 輝	立川 談四楼	立川 談四楼	手塚 治虫
副題	はじめてでも、リピーターでも	文庫書下ろし	パズル・クイズで脳ミソを鍛えよう		文庫書下ろし	似顔絵から長編まで
タイトル	イタリアのすっごく楽しい旅	図解とあらすじでよくわかる「古事記」入門	頭の体操 第1集	声に出して笑える日本語	もっと声に出して笑える日本語	マンガの描き方
紹介文	旅行ガイド本には書いてないことばかり起こる国イタリア。だから感動に遭遇できる。イタリア暮らし十六年の筆者が、もっと楽しく、さらに美味しくなるイタ旅をアドバイス。	天岩戸、天孫降臨、稲羽の素兎、ヤマトタケル…日本人なら知っておきたい数々の神話や古代史の基本トピックをわかりやすく解説。旅のヒントになる寺社や遺跡のガイド付き。	あなたの脳ミソは、固定観念でこり固まっていませんか？　創造的な人間になるには、独創力が必要なのだ。超ベストセラー、待望の文庫化！	アナウンサーの致命的な言い間違いから、落語の味わい深いセリフまで。集めに集めた「笑える日本語」のオンパレード。しかも確実にタメになる傑作エッセイ。『日本語通り』改題。	「あいつは凄えよ、体からオーロラが出てる」「ただいま地震が揺れています！」有名人の迷言、珍言から街で拾った言い間違い・勘違いまで必笑の新ネタ満載。渾身の書下ろし！	不動の人気を保つ天才マンガ家・手塚治虫。マンガ文化に革命を起こし、世界中のクリエイターに影響を与えた"マンガの神様"が、自ら創作現場を語る。〈解説・夏目房之介〉
価格	500円	700円	520円	740円	760円	500円

78589-5 tほ3-1	78521-5 tひ1-1	78593-2 tぴ2-2	78560-4 tぴ2-1	78522-2 tふ2-1	78223-8 cな1-1
保坂 俊司 監修	村上 隆	マーク・ピーターセン	マーク・ピーターセン	ベティ・L・ラガン／福沢 恵子／水野谷 悦子 共訳	中野 雄 ほか
図解とあらすじでよくわかる「聖書」入門 文庫書下ろし	ツーアート	マーク・ピーターセンの英語のツボ 名言・珍言で学ぶ「ネイティヴ感覚」	日本人が誤解する英語	ビジネス・ゲーム 誰も教えてくれなかった女性の働き方	クラシック名盤この1枚 スジガネ入りのリスナーが選ぶ
そもそも「新約」「旧約」は何が違うのか。「バベルの塔」や「ノアの箱舟」はどんな物語だったのか。常識として知っておきたい聖書のキーワードを、わかりやすく解説する。	「アートは『ゲーム』だ」村上隆。「オネーチャンを口説いてるようなもん」ビートたけし。日本よりも海外での評価が高い2人の天才アーティストが語り合った世界に通じる「芸術論」！	日本人が特に苦手とする英語表現にスポットを当て、有名人の名言・珍言や小説・映画の名作をネタに、楽しく解説。ネイティヴに通じる英語表現の"ツボ"を伝授する。	「日本人英語」と長年つきあってきた著者が、ネイティブの立場から、日本人が陥りがちな英文法の誤解と罠、そして脱却方法を懇切丁寧に解説。『マーク・ピーターセン英語塾』改題。	ビジネスをゲームと定義して、仕事のこなし方、お金、人間関係ほか、企業社会での秘訣を伝える。全米で100万部のベストセラーとなった『働く女性のためのバイブル』。〈解説・勝間和代〉	プロの演奏家、制作者、評論家から、ジャーナリスト、アマチュア音楽家、実業家、教員、普通の会社員まで、「生きる糧」として聴きぬいてきた選りすぐりの名盤。
760円	680円	700円	760円	680円	1400円

78611-3 tわ2-1	78443-0 bも5-1	78566-6 tも1-1	72867-0 bま1-1	78482-9 bま4-3	78329-7 bま4-1
渡辺 玲(あきら)	森下 典子(のりこ)	もりきあや	松尾(まつお)スズキ	益田 ミリ	益田(ますだ) ミリ
新版 誰も知らないインドの料理 おいしい やさしい ヘルシー	前世への冒険 ルネサンスの天才彫刻家を追って	おひとり奈良の旅 文庫書下ろし	大人失格 子供に生まれてスミマセン	大阪人の胸のうち 文庫書下ろし	お母さんという女 文庫書下ろし
本場のカレーはヘルシーで胃にもたれない!長年研究を続けてきた著者がインド料理の基本を丁寧に解説。スパイス使いのコツから本格カレーの作り方まで、レシピも満載。	「あなたの前世はルネサンス期に活躍したデジデリオという美貌の青年彫刻家です」。イタリアで前世を巡る不思議な旅のルポルタージュ。『デジデリオ』改題。(解説・いとうせいこう)	奈良生まれ、奈良育ちの著者が県内各地を歩き徹底取材。食べる、泊まる、観る、買う、拝む、感動する―古都・奈良の魅力のすべてを網羅した、街歩きガイドブック。	『私は大人だ』今、この日本でいったい何人の大人が、そう胸をはって言い切ることができるだろう」(本文より)。松尾スズキ、初期エッセイの大傑作。(解説・山本直樹)	「誰かアホな奴が飛び込まへんかな〜」の期待に応えて道頓堀川に飛び込んでしまう大阪人。上京して十数年、大阪出身の著者だからこそわかる大阪人の胸のうちとは?	◎写真を撮れば必ず斜めに構える◎小さい鞄の中には予備のビニールの手提げが入っている。身近にいるのに、よく分からない母親の、微妙にずれている言動を愛情深く分析。
900円	700円	700円	480円	560円	560円